DICCIONARIO ADUANERO

O. Taleva Salvat

DICCIONARIO ADUANERO

2014

VE Valletta Ediciones

Orlando Taleva Salvat
   Diccionario aduanero. - 1a ed. - Florida : Valletta Ediciones, 2013.
   200 p. ; 21x15 cm.

   ISBN 978-950-743-358-0

   1. Diccionarios.
   CDD 030

Diagramación y armado - *Sergio Garófalo*

1ra edición, enero 2014

© **Valletta Ediciones S.R.L.**
   Laprida 1780 (1602) Florida
   Prov. de Buenos Aires - Rep. Argentina
   Tel/Fax: 005411-4796-5244 / 4718-1172
   E-mail: info@vallettaediciones.com
   www.vallettaediciones.com

A

A BORDO: expresión que figura en el conocimiento de embarque y que significa que la mercadería fue abordada en el barco.

A FLOR DE AGUA: nivel que guarda la línea de flotación de un buque con respecto al nivel del mar, es decir, está a flor de agua

A FLOTE: significa la cantidad de un producto a bordo de los barcos y en ruta hacia un destino indicado. Es lo mismo que cuando se dice que la mercancía está "En Tránsito", pero éste se refiere a los envíos por tierra.

A GRANEL: cosas menudas como trigo, centeno, etc., sin orden, número ni medida.

ABANDONO DE EMERGENCÍA: después de que una nave sufre un accidente, hay veces que el capitán da la orden de que la nave sea abandonada ya que por la situación de la misma considera que ya no está en condiciones de seguridad óptima para la navegación, además que podría peligrar la vida de los pasajeros que viajasen en ella.

ABANDONO DE HECHO: acto mediante el cual la administración aduanera declara abandonadas las mercaderías a favor del Estado. ◆ Abandono tácito. ◆ Abandono legal.

ABANDONO DE MERCADERÍAS: aquellas mercaderías que no se nacionalizan en tiempo y en forma y que por ello pasa a la autoridad competente.◆ Acto por medio del cual las mercaderías extranjeras que no son oportunamente nacionalizadas, pasan a propiedad del fisco, ya sea por el abandono es expreso o presuntivo. ◆ Se considera abandonada una mercadería cuando su legítimo dueño o consignatario hace renuncia expresa o de hecho de ella. Es expresa cuando el interesado renuncia por escrito dirigido a la Aduana. El abandono es de hecho cuando consta o se deduce del interesado que no dejan deudas (República Dominicana).

ABANDONO EXPRESO: abandono voluntario.

ABANDONO LEGAL: institución jurídica aduanera por la cual, al vencimiento de los términos estipulados por las normas legales aplicadas por la aduana, ésta adquiere las mercaderías en propiedad para proceder a su remate o adjudicación. ◆ Situación en que se encuentra una mercancía vencido el término de permanencia en depósito y no ha obtenido su levante o no se ha reembolsado (Legislación Aduanera de Colombia). ◆ Condición por la cual las mercancías pasan a situación de remate por el vencimiento de los términos para ser despachadas o retiradas de la Aduana. Se le conoce también como Abandono técnico o tácito. ◆ Abandono de hecho.

ABANDONO PRESUNTIVO DE MERCANCÍAS: acto por medio del cual una mercancía extranjera, al no ser retirada dentro de los plazos legales de almacenamiento fiscal o particular para una importación, se entiende tácitamente, que se deja a beneficio del Fisco.

ABANDONO TÁCITO O DE HE-CHO: abandono legal

ABANDONO VOLUNTARIO: cuando el importador renuncia expre-samente a las mercancías a favor del Estado. Se le conoce también como Abandono expreso. El abandono expreso o voluntario de la mercancía que se halla en depósitos de la aduana se formaliza por escrito ante la administración aduanera de la jurisdicción, en la forma, condiciones y con los efectos previstos en las normas legales pertinentes. La mercadería abandonada, será comercializada por la Dirección Nacional de Aduanas de acuerdo con la legislación aduanera. ◆ Manifestación escrita mediante la cual el dueño de mercadería extranjera cede en favor del Estado a los efectos de subastarse, destruirse o donarse de acuerdo con la decisión del organismo competente. Manifestación escrita hecha por quién tenga la facultad para hacerlo, cediendo las mercancías a la aduana, y estando sujeto a la aceptación de las mismas por ésta. ◆ Acto mediante el cual quien tiene derecho a disponer de la mercadería (mercancía) comunica por escrito a la autoridad aduanera que la deja a favor de la Nación en forma total o parcial, siempre y cuando el abandono sea aceptado por la autoridad aduanera. En este evento, el oferente debe sufragar los gastos que el abandono ocasione. ◆ Abandono expreso.

ACCESIÓN ADUANERA: inclusión de un Estado en la zona aduanera de otro. ◆ Agregar o incorporar una zona a otro territorio aduanero

ACCIÓN DE REPETICIÓN: mecanismo mediante el cual un contribuyente o responsable de un tributo puede solicitar la devolución de pago efectuado al organismo pertinente (Fisco) de tributos, intereses y/o multas. .

ACEPTACIÓN BANCARIA: convenio comercial crediticio por el cual un importador instruye a un banco local para que otorgue un crédito comercial de aceptación por intermedio de un banco en el exterior a favor de un determinado exportador en el exterior. Mediante este convenio, el banco del exterior emite un crédito de aceptación, el cual se encuentra garantizado por el banco local a favor del exportador de manera tal que le permite extender una letra a la vista o plazo. Cumplimentando las pruebas del embarque, la letra es aceptada por el banco del exterior (que pagará la letra a su vencimiento) por medio de un endoso en la parte posterior del documento. El documento, en las letras a plazo, puede ser mantenido en cartera por el exportador o bien puede ser descontado. ◆ Operación de intermediación financiera; se da cuando una entidad necesitada de fondos emite una promesa de pago, similar a un pagaré, que presenta a una institución bancaria y ésta acepta colocar tal documento en el mercado financiero.

ACEPTACIÓN DE LA DECLARACIÓN: la declaración de mercancías se entiende por aceptada cuando se registra en el sistema informático del servicio aduanero u otro sistema autorizado. La realización de dicho acto no implica avalar el contenido de la declaración, ni limita las facultades de comprobación de la Autoridad Aduanera.

ACTA ADMINISTRATIVA: documento que se labra mediante las autoridades a los sujetos pasivos de una obligación tributaria.

ACTA DE DETERMINACIÓN: acta mediante la cual el representante del Fisco, luego de haber efectuado las tareas inherentes a la verificación de un contribuyente y en función de lo actuado y de corresponder, efectúa la liquidación pertinente.

ACTA DE LA ADMINISTRACIÓN TRIBUTARIA: documento mediante el cual la administración tributaria, con el objeto de exhibir los resultados de sus actuaciones de inspección, solicita, en caso de corresponder, regularizar la situación tributaria del sujeto pasivo o bien aceptar lo actuado por éste.

ACTA DE TRANSPORTE MARÍTIMO: el estudio elaborado en 1912, en el cual el Congreso de los Estados Unidos autorizó una investigación de las "Conferencias Marítimas" con mira a su posible investigación en el comercio norteamericano, duró cuatro años y dio como resultado la "Shipping Act" o "Acta de Transporte Marítimo", la cual confirmó la legitimidad de las Conferencias Marítimas y les otorgó inmunidad frente a las disposiciones legales antimonopolistas.

ACTIVIDAD ADUANERA: conjunto de tareas o actos que requiere una operación aduanera. Ejemplo: reconocimiento, liquidación, desaduanamiento, etc.

ACTIVIDAD FISCAL: función que cumple el Estado cuando su objetivo consiste en la simple recaudación de las contribuciones al comercio exterior, como una forma de obtener ingresos para cumplir con sus fines *(M. Carvajal Contreras)*.

ACTIVIDAD INTERNACIONAL: función que tiene como finalidad la integración del país a la comunidad internacional, a través de los diferentes convenios de comercio exterior que celebre su país.

ACTIVIDADES MARÍTIMAS: todas aquellas actividades que se llevan a cabo en el mar territorial, zonas adyacentes, suelo y subsuelo pertenecientes a la plataforma continental y en las costas y puertos del país, relacionadas con la navegación de altura, de cabotaje, de pesca, científica, con buques nacionales y extranjeros, o con la investigación y extracción de los recursos del mar y de la plataforma.

ACTO ADMINISTRATIVO: toda declaración unilateral efectuada en el ejercicio de la función administrativa, que produce efectos jurídicos individuales en forma directa *(R. Dromi).* ◆ Es una declaración; se entiende por tal un proceso de exteriorización intelectual, no material, que toma para su expresión y comprensión datos simbólicos del lenguaje hablado o escrito y signos convencionales *(R. Dromi)*.

ACTO DE EJECUCIÓN: iniciación de la acción principal del delito de contrabando.

ACTOS GENERALES: representan expresiones que se utilizan para designar acuerdos acerca de materias de interés general adoptadas en conferencias internacionales.

ACUERDO DE INTEGRACIÓN ECONÓMICA: convenios celebrados entre dos o más países de acuerdo con determinados principios mediante los cuales se establecen los mecanismos de consulta y solución a los efectos de confluir en el establecimiento de barreras aduaneras y/u otros aspectos comerciales.

ACUERDO GENERAL SOBRE ARANCELES ADUANEROS Y COMERCIO: General Agreement on Tariffs and Trade. ◆ Ver **GATT**.

"AD VALOREM": expresión latina que significa *sobre el valor*.◆ Forma de aplicar un tributo, considerando a este efecto el valor del bien. Este sistema es de uso frecuente y generalizado para la determinación de derechos aduaneros sobre las mercaderías importadas o exportadas. El importe se obtiene mediante la aplicación de un porcentual sobre el valor imponible de la mercadería o, en su caso, sobre precios oficiales. Ejemplo: gravar con el 10% a un bien y aplicarlo sobre su valor de compra o de factura.◆ Ver **Derecho específico.**

ADEUDO TRIBUTARIO: cantidad que se le debe al Fisco por cualquier concepto, lo cual es exigible jurídicamente.

ADMINISTRACIÓN ADUANERA: institución a cargo de la aplicación de la legislación relativa en la importación y exportación de mercaderías, así como el control del tráfico de bienes que ingresen o egresen el territorio aduanero.

ADMINISTRACIÓN DEL TRANSPORTE: el planeamiento, selección y manejo de los distintos medios de transporte que intervienen en el traslado de mercancías durante el proceso de la comercialización.

ADMINISTRACIÓN FEDERAL DE INGRESOS PÚBLICOS: en la Argentina, ente encargado de ejecutar las políticas en materia tributaria encomendadas por el PEN (Poder Ejecutivo Nacional). Funciona como un organismo autónomo en el orden administrativo y financiero. Esta institución está constituida por tres direcciones generales: 1) la Dirección General Impositiva (DGI), que está a cargo de la aplicación, percepción, recaudación y fiscalización de impuestos nacionales; 2) la Dirección General de Aduanas (DGA), que está a cargo de la aplicación de la legislación relativa a la importación y exportación de mercaderías, así como del control de tráfico de los bienes que ingresan o egresan en el territorio aduanero y, 3) la Dirección General de Recursos de la Seguridad Social (DGRSS), que está a cargo de la recaudación y fiscalización de los recursos que financian las prestaciones de la Seguridad Social. Tiene las funciones y facultades que a continuación se enumeran: 1) Aplicación, percepción y fiscalización de los tributos y procesos dispuestos por las normas pertinentes y fundamentan en la: a) Los tributos que gravan las operaciones ejecutadas en el territorio nacional y en los espacios marítimos, sobre los cuales se ejerce total o parcialmente la potestad tributaria nacional b) Los tributos que gravan la importación y exportación de mercaderías y otras operaciones por las normas c) Las multas, recargos, intereses y garantías, etc; que por situaciones de cualquier naturaleza pueden surgir de la aplicación y cumplimiento de las normas legales; 2) El control del tráfico internacional de mercaderías de acuerdo con las normas legales pertinentes;

3) La clasificación arancelaria y valoración de las mercaderías y 4) Todas las funciones que surjan de su función y las necesarias de la administración interna. ◆ AFIP.

ADMINISTRACIÓN TRIBUTARIA: administración orientada a organizar, dirigir y controlar todo lo relacionado con los impuestos creados para la satisfacción de las necesidades del Estado y, por ende, de sus administrados. Le corresponde establecer la relación impositiva a cargo de los sujetos pasivos, recaudar el importe de éstos y resolver las controversias que se susciten con los contribuyentes. Para el cumplimiento de tales objetivos, la administración tributaria, como tercer componente (los otros dos son el sistema y el derecho tributario) de la trilogía necesaria para el financiamiento de los gastos del Estado, debe estar obligatoriamente dotada de atribuciones legales que le permitan verificar el cumplimiento correcto de esas obligaciones. También debe poseer un conjunto de procesos que definan y establezcan los componentes y la secuencia lógica del ejercicio de las funciones sustantivas o primarias de la administración, con base en las atribuciones que le han sido otorgadas. Debe contar con un medio o vehículo que le permita el desarrollo de éstas, como es la definición de una estructura organizacional apropiada y ajustada al sistema tributario que debe administrar. Finalmente, debe poseer una fuente de financiación que le permita desarrollar y poner a funcionar todo el aparato de la organización en forma óptima (CIAT). ◆ Aquel segmento de la Administración Pública a cargo de la aplicación de los impuestos y de controlar el cumplimiento de las obligaciones tributarias en general (C. Pita).

ADMISIÓN DE LA DECLARACIÓN DE MERCADERÍAS: también llamada control de la presentación de la declaración en detalle. Debe limitarse a un control extrínseco del documento de presentación declarado y si se encuentran declarados todos los elementos exigidos por el ordenamiento legal.

ADMISIÓN TEMPORAL: régimen Aduanero que permite introducir a un recinto industrial, materias primas y productos intermedios extranjeros, con suspensión de pagos de impuestos y destinados exclusivamente a ser exportados dentro de un plazo necesario, después de haber sufrido una transformación o elaboración, realizada por el beneficiario, en el sitio de admisión. ◆ Admisión temporaria.

ADMISIÓN TEMPORAL PARA PERFECCIONAMIENTO ACTIVO: tratamiento que reciben las mercaderías extranjeras al interior del territorio, sin modificación o transformación antes de ser devueltas al exterior. Las mercaderías ingresan al territorio aduanero con suspensión de los derechos e impuestos de importación.

ADMISIÓN TEMPORAL SIMPLE: régimen que permite recibir en un territorio aduanero, con suspensión del pagos de los derechos e impuestos a la importación determinados bienes traídos para un fin específico.

ADUANA: organismo estatal donde se tramitan las operaciones de importación y exportación que se realizan en el país, a fin de verificar tales operaciones en lo correspondiente a procedencia entre lo documentado y los bienes operados, llevar tales registros a efectos estadísticos, y actuar de ente recaudador de tarifas aduaneras, que son los derechos que se aplican a la importación y exportación de bienes y servicios.◆ Dependencia pública destinada también al control del movimiento de personas que entran y salen del país. ◆ Derecho de tributo que se impone a las mercaderías importadas o exportadas de un país. ◆ El término se deriva, según algunos, del nombre arábigo "divanum" que significa la casa donde se recogen los desechos. De aquí comenzó en llamarse "divana", luego "duana" y por fin acabó en "Aduana". ◆ Los servicios administrativos responsables de la aplicación de la legislación aduanera y de la percepción de los tributos a la importación y exportación y que están encargados también de la aplicación de otras leyes y reglamentos relativos, entre otros, a la importa-

ción, al tránsito y a la exportación de mercaderías.◆ Es con el que se designa, en un amplio sentido jurídico-administrativo, a las dependencias nacionales que intervienen en el tráfico de mercancías con el objeto de recaudar los tributos que gravan a su entrada o salida de un país determinado y de vigilar el cumplimiento de las disposiciones de carácter público o prohibitivas del comercio internacional *(E. Polo Bernal)* ◆ Ver **Administración Federal de Ingresos Públicos.**

ADUANA DE DESTINO: aquella en la cual finaliza la modalidad de tránsito aduanero.

ADUANA DE EGRESO O DE SALIDA: administración aduanera donde finaliza la operación de tránsito aduanero.

ADUANA DE ENTRADA: sector de un territorio aduanero en el cual se despachan las mercaderías a ser importadas, las cuales quedan sujetas, en caso de corresponder, a los gravámenes pertinentes. ◆ Administración aduanera por la cual ingresan a un territorio mercaderías en tránsito. ◆ Aduana de ingreso.

ADUANA DE FRONTERA: aduana que desarrolla sus funciones en una frontera internacional.

ADUANA DE INGRESO: aduana de entrada.

ADUANA DE PARTIDA: aquella donde se inicia legalmente un tránsito aduanero. ◆ Aduana de egreso. ◆ Aduana de salida.

ADUANA DE PASO: aquella por donde circulan mercancías en tránsito sin que haya finalizado la modalidad.

ADUANA DE PASO DE FRONTERA: oficina aduanera fronteriza que, no siendo ni de partida ni la de destino, opera en el control de una operación de tránsito aduanero internacional.

ADUANA DOMICILIARIA: régimen que habilita a las empresas a proceder al desaduanamiento en sus empresas o depósitos de las mercaderías que egresen o ingresen, mediante los tránsitos o traslados siempre que estos sean consignados a tales empresas o por ellos destinados adecuadamente.

ADUANA INTERIOR: aquella ubicada en el interior de un territorio nacional.

ADUANA PRINCIPAL: aquella que tiene jurisdicción en una circunscripción específica y que centraliza las funciones impositivas y administrativas de las aduanas adscriptas a ella. ◆ Oficina aduanera que tiene jurisdicción en una circunscripción determinada y centraliza las funciones fiscales y administrativas de las aduanas subalternas adscritas a ellas. La que tiene jurisdicción en una circunscripción determinada y centraliza las funciones fiscales y administrativas de las aduana subalternas adscritas a ella. (SENIAT)

ADUANA SUBALTERNA: aquella adscripta a una aduana principal que se ocupa de las operaciones aduaneras específicas dentro de la respectiva circunscripción.

ADUANAR: registrar en la aduana los géneros que se adeuden o mercaderías, y pagar los derechos en ella

ADUANERO: empleado en la aduana. ◆ Relativo o perteneciente a la Aduana.

AERONAVE EXTRANJERA: aquella que está inscripta en el registro de un Estado extranjero.

AERONAVE NACIONAL: aquella que está inscripta en el registro del país.

AEROPUERTO DE DESTINO: destino final de las mercaderías remitidas de acuerdo con las estipulaciones establecidas en el respectivo contrato de transporte aéreo.

AEROPUERTO DE SALIDA: lugar de inicio del recorrido de las mercaderías remitidas de acuerdo con las cláusulas establecidas en el respectivo contrato de transporte aéreo.

AEROPUERTO FRANCO: aeropuerto internacional en el cual la tripulación, los equipajes, las mercaderías, los pasajeros, etc. pueden permanecer o transbordar sin abonar impuestos o tasas.

AEROPUERTO INTERNACIONAL: aquel en el cual operan vuelos provenientes de o con destino extranjero; allí pueden además, operar vuelos domésticos.

AFECTACIÓN TRIBUTARIA: acto mediante el cual toda mercancía que se importe definitivamente está gravada con el derecho, tasa o tributo que se establece según la norma arancelaria correspondiente.

AFIANZAR: mecanismo mediante el cual un importador cauciona o resguarda los intereses estatales al retirar de la potestad aduanera mercaderías no nacionalizadas, sin cancelar los gravámenes correspondientes.

AFIP: ver **Administración Federal de Ingresos Públicos.**

AFORAR: reconocer y valuar los bienes para el pago de derechos aduaneros.◆ Valuar mercaderías para el pago de derechos o documentos para el pago de sellados.

AFORO: valorización que se le asigna a un bien con el fin de determinar el monto de un gravamen fiscal. Ejemplo: el Ministerio de Economía determina que la importación de azúcar pagará de derecho de importación un 10 % sobre el valor de aforo de U$S 200. El establecimiento del valor de aforo es para impedir que los importadores paguen menos derecho de importación al valuar, el bien que importan por debajo del valor que efectivamente pagan. Por lo tanto, se establece un valor de aforo y sobre él se abonará el impuesto, prescindiendo del monto que declare haber pagado el importador. ◆ Valorización que una empresa de depósitos realiza respecto de mercaderías warranteadas, conforme a lo cual más tarde el depositante puede gestionar un crédito ante una institución bancaria.

AGENTE ADUANAL: persona que, mediante una patente otorgada por la autoridad competente (organismo aduanero), interviene ante una aduana para despachar o ingresar mercancías en cualesquiera de los regímenes aduaneros en función de los servicios profesionales que presta.◆ Ver **Agente aduanero.**

AGENTE ADUANERO: auxiliar centralizado para actuar habitualmente en nombre de terceros en los trámites, regímenes y operaciones aduaneras en su carácter de persona natural. La centralización para operar como tal es personal e intransferible. ◆ Comisionista especializado en la importación y exportación de mercaderías, circulen ellas o no en tránsito. Realiza las formalidades y jurídicas de la Aduana *(R. Guillien y J. Vincent).* ◆ Agente aduanal.

AGENTE DE CARGA: persona física o jurídica que interviene en la contratación y organización de recursos de carga y transporte por mandato de los propietarios o destinatarios de la carga. Puede ser de consolidación o desconsolidación de mercaderías. ◆ Sea de consolidación o desconsolidación de mercaderías, es la persona física o jurídica que interviene en la contratación y organización de servicios integrados de carga y transporte por mandato de los propietarios o destinatarios de la carga.

AGENTE DE CARGA INTERNACIONAL: persona jurídica inscripta ante la Dirección de Impuestos y Aduanas Nacionales para actuar exclusivamente en el modo de transporte marítimo, y cuyo objeto social incluye, entre otras, las siguientes actividades: coordinar y organizar embarques, consolidar carga de exportación o desconsolidar carga de importación y emitir o recibir del exterior los documentos del transporte propio de su actividad (Legislación Aduanera de Colombia)

AGENTE DE COMERCIO EXTERIOR: persona física o jurídica que, con la correspondiente licencia o autorización legal, se dedica a la exportación y/o importación.

AGENTE DE EXPORTACIÓN: quien actúa en carácter de intermediario entre los productores o fabricantes de un país e importadores del extranjero.

AGENTE DE INFORMACIÓN: persona que de acuerdo con las normas vigentes debe comunicar a la Administración Aduanera toda aquella información referida a las transacciones y operaciones efectuadas y generalmente con quienes las realizaron.

AGENTE DE PERCEPCIÓN: aquel que cuando cobra recibe a su vez la porción correspondiente al impuesto para su ingreso ulterior al Fisco. Es decir, el precio de su prestación o producto contiene un importe que debe depositar por su cliente en el organismo fiscal pertinente.◆ Quien cobra por cuenta del Fisco un determinado tributo, es decir, quien está obligado por una norma a percibirlo, con la obligación posterior de ingresarlo al Estado.◆ Aquel sujeto que, por su profesión, oficio, actividad o función, se encuentra en una situación que le permite recibir del contribuyente una suma que opera como anticipo del impuesto que, en definitiva, le correspondería pagar al momento de percibir cualquier retribución, por la prestación de un servicio o la transferencia de un bien. Tiene la facultad de adicionar, agregar o sumar el pago que recibe de los contribuyentes, el monto del tributo que posteriormente debe depositar en manos de la Administración Tributaria (Código Tributario de la República Dominicana).◆ Persona física o jurídica que, asignada por las normas pertinentes, por su profesión, oficio, actividad o función, está en posición de percibir un monto de impuesto de otro sujeto en forma temporal para entregarlo posteriormente al Fisco.

AGENTE DE RETENCIÓN: aquel sujeto que, por su función pública o en razón de su actividad, oficio o profesión, interviene en actos u operaciones en las cuales puede efectuar la retención del tributo correspondiente. En consecuencia, el agente de retención deja de pagar a su acreedor, el contribuyente, el monto correspondiente al gravamen, para ingresarlo en manos de la Administración Tributaria. Éste debe entregar al contribuyente, por cuya cuenta pague el impuesto, una prueba de la retención efectuada, en la forma en que indiquen las normas legales vigentes.◆ Aquel que por ser deudor o en razón del ejercicio de una función pública, una actividad, un oficio o una profesión, debe entregar o participar de alguna forma en la entrega, una suma de dinero, que en principio correspondería al contribuyente. La obligación de actuar como agente de retención o de percepción sólo se origina en la medida en que dichos responsables dispongan de fondos de propiedad del contribuyente.◆ Persona jurídica o física que está obligada a retener, por imposición legal y con fines impositivos, previsionales, sindicales o sociales, una parte del pago que se le efectúa a otra.◆ Quien por ser deudor o por ejercer una función pública, una actividad, un oficio o una profesión se encuentra en contacto con una suma de dinero que, en principio, correspondería al contribuyente y, consecuentemente, puede computar la parte de la misma que corresponde al Fisco en concepto de tributo, ingresándola a la orden de ese acreedor.◆ Es aquel que, cuando paga y dispone de los fondos del sujeto pasible de la retención, retiene del monto pagado la parte que corresponde al impuesto aplicable para su ingreso posterior al Fisco. Es un pago anticipado del impuesto definitivo que deberá ulteriormente ingresar el sujeto pasible de la retención.◆ Agente retenedor.

AGENTE DE TRANSPORTE ADUA-NERO: persona de existencia visible o ideal que, en representación de los transportistas, tiene a su cargo las gestiones relacionadas con la presentación del medio transportador y de sus cargas ante el servicio aduanero. Pueden ser personas de existencia visible o ideal que representan a los transportistas y tienen a su cargo las gestiones relacionadas con la presentación del medio transportador y de sus cargas ante el servicio aduanero. Dichos agentes de transporte, además de auxiliares de comercio, son auxiliares del servicio aduanero. Para desempeñarse como tal es necesario estar inscripto en el Registro de Agentes de Transporte Aduanero, y para ello, deberá acreditar, entre otros requisitos, la solvencia necesaria y otorgar a favor de la Dirección General de Aduanas una garantía en seguridad del fiel cumplimiento de sus obligaciones.

AGENTE DEL FLETADOR: persona nombrada por el fletador para obtener espacio para una carga, al flete más económico factible y en las condiciones más beneficiosas para el titular de la carga.

AGENTE MARÍTIMO: persona que representa en tierra a un armador, para todos los efectos relacionados con la nave.

AGENTE RETENEDOR: ver **Agente de retención.**

AGENTES COMERCIALES: intermediarios que cumplen la función de mediador a los efectos de cristalizar las operaciones comerciales con los viajeros y con los sujetos de operaciones internacionales.

AGRAVANTE: circunstancias que hacen que la penalidad o sanción

de un delito aduanero y/o tributario se incremente en cada caso específico.

AGUAS TERRITORIALES: la faja de agua inmediatamente adyacente a la costa de un Estado, sobre la que éste soberanía.

AIF: ver **Asociación Internacional de Fomento.**

ALADI: ver **Asociación Latinoamericana de Integración.**

ALALC: ver **Asociación Latinoamericana de Integración.**

ALCA: ver **Área de Libre Comercio de las Américas.**

ALIANZA DEL PACÍFICO: bloque comercial compuesto por: Chile, México, Perú, y Colombia como miembros plenos, establecido el 27 de abril de 2011. Posteriormente se incorporaron como observadores: España, Australia, Canadá, Nueva Zelanda y Uruguay. Además, Panamá y Costa Rica mantienen el deseo de convertirse en miembros plenos de este mecanismo asociativo. Es una amplia extensión que busca la comercialización libre de bienes y servicios.

ALÍCUOTA DEL IMPUESTO: porcentaje de un gravamen que se aplica a determinadas bases imponibles.

ALÍCUOTA FIJA: valor monetario sobre el cual se aplica el porcentaje estipulado para oblar los impuestos.

ALÍCUOTA PORCENTUAL: porcentaje que se liquida sobre un valor a los efectos de la aplicación de los gravámenes.

ALMACÉN ADUANERO: espacio de un local destinado a la custodia temporaria de mercancías hasta la determinación final de la autoridad competente.

ALMACÉN PARTICULAR DESLINDADO: el ubicado en un lugar distinto a aquel en el que está situada la Aduana, donde las mercaderías extranjeras que previamente hayan sido presentadas o entregadas a la Aduana pueden permanecer sin pagar los derechos del arancel y otros impuestos que causen su importación, hasta el momento que ésta se verifique *(G. Plott)*.

ALMACENAMIENTO: depósito de mercancías bajo el control de la autoridad aduanera en recintos habilitados por la Aduana.

AMNISTÍA FISCAL: medida o decisión legislativa de carácter excepcional que suprime los efectos de una ley fiscal.◆ Regularización fiscal.

ANÁLISIS DE RIESGOS: aplicación sistemática de procedimientos y prácticas de gestión que proporcionan a las Aduanas la información necesaria para afrontar los movimientos o envíos que presenten riesgos.

ANÁLISIS DOCUMENTAL DEL DESPACHO: consiste en establecer la exactitud y correspondencia de los datos consignados en la Declaración Aduanera con los demás documentos que sean exigibles para el Régimen Aduanero solicitado (Legislación Aduanera de Paraguay)

ANTICIPOS DEL IMPUESTO: ingresos a cuenta del gravamen de cuya naturaleza participan y que serán computados en la liquidación definitiva, sin que quepa desvincularlos del tributo que le sirve de base o con el cual se relacionan; constituyen obligaciones de cumplimiento independiente que tienen su propia individualidad y fecha de vencimiento.◆ Mecanismo tributario mediante el cual se produce un adelanto al Fisco de la potencial percepción de impuesto cuyo hecho infalible es de formación sucesiva y que se configura en un período determinado.◆ Pagos a cuenta de determinados tributos, a los que está obligado un contribuyente y que son exigibles hasta la fecha de presentación de la respectiva declaración jurada. Posteriormente, estos pagos se descuentan de la liquidación final.

"ANTIDUMPING": término que se aplica cuando se trata de evitar el ingreso a un país de mercadería de otros países con precios inferiores a los que tienen en este último.◆ Acción tendiente a proteger los mercados internos de la competencia del exterior.◆ Ver **"Dumping"**.

ANULADA: anulación de la destinación de oficina o a pedido del usuario

AÑO FISCAL: el que fijan las normas legales de contabilidad para el cierre del ejercicio financiero del Estado.◆ El que fijan las normas tributarias para el cierre del ejercicio fiscal. En el caso de contribuyentes que sean personas físicas, es coincidente con el año calendario. En cambio, para las personas jurídicas, por lo general, es coincidente con el año comercial de la empresa en cuestión.

APERTURA COMERCIAL: eliminación o disminución de barrera arancelarias y otras restricciones a las importaciones.

APERTURA DE INVESTIGACIÓN: declaración de la institución competente acerca de la investigación vinculada con presuntas infracciones en el ingreso o egreso de mercaderías.

APLICACIÓN: incluye todo aquello vinculado con el funcionamiento de un gravamen

APODERADO: persona que mediante autorización otorgada por escribano público actúa en nombre de otra dentro de las facultades establecidas en el poder, que es el documento habilitante.

APREHENSIÓN: medida cautelar consistente en la retención de mercancías respecto de las cuales se configure algunos de los eventos.

APROVISIONAMIENTO DE ABORDO Y SUMINISTROS: conjunto de provisiones del medio de transporte compuesto por: el combustible, los repuestos, aparejos, utensilios, comestibles y las demás mercaderías que se encuentren al mando del mismo para su propio consumo, para la tripulación y pasajeros.

ARANCEL: instrumento jurídico cuyo contenido fundamental está constituido por la clasificación de las mercancías.◆ Precio al que debe venderse una cosa o cobrarse por un servicio, y también por la entrada o la salida de mercaderías, dispuesto por reglamento de un organismo público.◆ Es el reglamento hecho por autoridad pública, donde se señala el precio al que deben venderse las cosas o los derechos que deben pagarse por ciertos servicios o trabajos, ya por la entrada, por la salida o por el pasaje de mercaderías *(J. Escriche).*◆ Tarifa oficial que determina los derechos que se han de pagar en ciertos ramas de la administración pública. ◆ Ver **Aranceles.**

ARANCEL ADUANERO: precio o porcentaje sobre el valor de los bienes que deben abonar a la aduana los importadores y exportadores, por servicios prestados por ésta o por la aplicación de gravámenes a la importación y exportación.◆ Valoración o tasa. ◆ Ver **Arancel de Aduana.**

ARANCEL COMPUESTO: combinación del arancel "*ad valorem*" y del arancel específico. Es un arancel mixto, es decir, se aplica un porcentaje y una cantidad específicos para el cobro de un tributo.

ARANCEL CONVENCIONAL: tarifa establecida como arancel mediante tratados bilaterales o multilaterales con la finalidad de ampliar y profundizar el comercio internacional.

ARANCEL DE ADUANA: cuadro o lista de las prohibiciones impuestas al comercio internacional, en un país determinado, y de los derechos que exigen en él por la entrada y salida de mercaderías de clase. Se utiliza en los aranceles y aduanas con fines fiscales y como reglamentación y protección para influir en el mercado nacional. ◆ Ver **Arancel aduanero.**

ARANCEL DE EXPORTACIÓN: arancel mediante el cual se determina un derecho arancelario para las mercancías exportadas.

ARANCEL DE IMPORTACIÓN: gravamen que se aplica a las mercancías que se importan a un determinado territorio aduanero.

ARANCEL DIFERENCIAL: arancel que se aplica con el objeto de otorgar alguna ventaja diferencial a los países que alcanzaron un acuerdo

ARANCEL ESTACIONAL: cuando se fijan niveles arancelarios de acuerdo con los distritos.

ARANCEL EXTERNO COMÚN: constituye el principal instrumento para la constitución de una unión aduanera. Complementa la eliminación de las barreras intraarancelarias y de las trabas para la libre circulación de productos originarios de los países miembros, sobre la base de un arancel único con relación a las importaciones de terceros países *(R. Labrano).*◆ Tasa arancelaria que en forma uniforme aplica un mercado común o una unión aduanera, como la Unión Europea, a las importaciones procedentes de países ajenos a esa unión.

ARANCEL INTEGRADO: comprende al Arancel Centroamericano de Importación y demás regulaciones no arancelarias aplicables en el intercambio de mercancías entre los Estados parte y terceros países, incluidos aquellos con los que hayan inscripto o se suscriban acuerdos o tratados comerciales, internacionales, bilaterales o multilaterales. (CAUCE)

ARANCEL PREFERENCIAL: tasa que ofrece ventajas a uno o varios países sobre otros.

ARANCEL PROTECCIONISTA: impuesto cargado sobre las importaciones que las hace menos atractivas a los compradores que los bienes nacionales.

ARANCELES: impuestos exigidos en el comercio exterior por la comercialización de bienes. Pueden ser deudas de exportación o de importación.

ARANCELES "AD VALOREM": porcentaje o fracción que se percibe en función de las unidades de mercancías declaradas. ◆ Ver **Ad-valorem.**

ARANCELES ESPECÍFICOS: aquellos que se presentan mediante una cantidad fija que se cobra por cada unidad de las mercancías declaradas. ◆ Cantidad de dinero percibida de acuerdo con el peso o volumen de un bien; por ejemplo, $10 por cada perfume importado.

ARBITRAJE: consiste en la compra o venta de una moneda extranjera contra entrega de otra moneda extranjera, ya sea de contado, esto es el pase inmediato y simultáneo de la moneda que se entrega, y de la que recibe, o bien a plazo, en que la entrega simultánea de ambas monedas se hará en la fecha que se acuerde para ello, con las equivalencias establecidas en el momento del pacto.

ÁREA ADUANERA ESPECIAL: ver **Territorio aduanero especial.**

ÁREA DE LIBRE COMERCIO DE LAS AMÉRICAS: acuerdo impulsado por los EE.UU., a los efectos de la libre circulación de productos y en general todo tipo de transacciones desde Alaska hasta Tierra del Fuego.◆ Ver **Asociación de Libre Comercio de las Américas.**

ÁREA DE VIGILANCIA ESPECIAL: ámbito de la Zona Secundaria, en el cual la existencia y circulación de mercaderías se encuentra sometida a disposiciones especiales de control aduanero. (Legislación Aduanera de Paraguay)

ÁREA ECONÓMICA EUROPEA: AEE.◆ Unión de la Asociación Europea de Libre Comercio y de la Unión Europea (Comunidad Europea). Es una profundización de viejos vínculos comerciales que permiten ampliar los beneficios económicos. Está compuesta por diecisiete países y su objetivo es extender a todos los países miembros la libre circulación de bienes, personas, servicios y capitales. Esta unión rige a partir del 1 de enero de 1994.◆ Ver **Unión Europea.**

ÁREA FRANCA: ámbito dentro del cual la mercancía no está sometida al control habitual de servicio aduanero y su introducción y extracción no están gravadas en el pago de tributos, salvo las tasas retributivas de servicios que pudieran establecerse ni alcanzadas por prohibición de carácter económico. ◆ Ver **Zona franca.**

ARRIBO: amarre, aterrizaje o estacionamiento de un medio de transporte (marítimo, aéreo, terrestre) en el territorio aduanero general.

ARRIBO FORZOSO: cuando un medio de transporte por caso fortuito o fuerza mayor arriba habilitado o no. En este caso el responsable de dicho medio debe dar aviso a la Autoridad Aduanera competente más cercana al lugar de arribo (CAUCE) ◆ Comprende el arribo por razones de fuerza mayor a un puerto, aeropuerto o lugar que no fuere habilitado al efecto como el regreso por razones de fuerza mayor al puerto, aeropuerto o lugar de escala o salida. ◆ Arribo de un medio de transporte a un puerto, aeropuerto o lugar que se no estaba previsto como escala o destino del viaje; provocado por cause de fuerza mayor. ◆ Arribada forzosa.

ARRIBO POR VÍA TERRESTRE: los transportes realizados por automotor y por ferrocarril.

ARTÍCULOS PROPIOS DEL ARTE U OFICIO DEL VIAJERO: mercancías que un viajero importa o exporta para desarrollar las actividades inherentes a su oficio, profesión, actividad artística o deportiva.

ASOCIACIÓN DE LIBRE COMERCIO: se da cuando dos o más países conforman una zona de libre comercio por la cual eliminan todos los gravámenes de importación y todas las restricciones cuantitativas a su comercio mutuo en todos los bienes, pero mantienen sus aranceles originales frente al resto del mundo.

ASOCIACIÓN DE LIBRE COMERCIO DE LAS AMÉRICAS: ALCA.◆ Proyecto de constitución de un área de libre comercio que se extendería desde Alaska hasta Tierra del Fuego. En diciembre de 1994, en Miami (EE.UU.), se reunieron por primera vez los jefes de Estado y de gobierno de treinta y cuatro países de América para establecer los lineamientos básicos de este potencial bloque económico. Objetivo: unir las economías de este continente y eliminar las barreras aduaneras progresivamente. ◆ Área de Libre Comercio de las Américas.

ASOCIACIÓN EUROPEA DE LIBRE COMERCIO: EFTA. ◆ Área de libre comercio fundada en 1960 de acuerdo con el Convenio Estocolmo. Los firmantes originarios fueron: Austria, Dinamarca, Noruega, Portugal, Reino Unido, Suecia y Suiza. Posteriormente se incorporaron Finlandia e Israel.

ASOCIACIÓN INTERNACIONAL DE FOMENTO: entidad del Grupo del Banco Mundial que debe brindar asistencia a los países con más pobreza en el mundo.

ASOCIACIÓN INTERNACIONAL DE TRANSPORTE AÉREO: IATA. ◆ "International Air Association". Se fundó en 1945. Es un instrumento para la cooperación entre aerolíneas, promoviendo la seguridad, afabilidad, la confianza y la economía en trasporte aéreo en beneficio de los consumidores de todos el mundo. La IATA moderna es la sucesora de la Asociación de Tráfico Aéreo Internacional constituida en 1919. *(C. Ortega Vergés).*

ASOCIACIÓN LATINOAMERICANA DE INTEGRACIÓN: organismo constituido en Montevideo, Uruguay, con el objetivo de crear mecanismos de interacción económico-comercial. Está formada por: la Argentina, Bolivia, Brasil, Chile, Colombia, Cuba, Ecuador, Perú, Paraguay, México, República Bolivariana de Venezuela y Uruguay. En el 2011 se incorporó Nicaragua. Esta asociación entró en vigencia el 18 de marzo de 1981 y fue creada el 12 de agosto de 1980 por el Tratado de Montevideo, en el cual se propusieron las partes firmantes dar continuidad al proceso de integración encaminado a promover el desarrollo económico-social, armónico y equilibrado de América Latina. Continúa teniendo como miembros los once países de ALALC (Asociación Latinoamericana de Libre Comercio), su antecesora. Los objetivos de esta asociación se asemejan a los de ALALC (creación de un mercado común, desarrollo social y económico de los países miembros, promoción del comercio intra–regional), pero sus principios fueron más flexibles en cuanto a los plazos para el establecimiento de la reducción tarifaria. ◆ ALADI.

ATENUANTE: circunstancias que hacen que la penalidad o sanción de un delito aduanero y/o tributario disminuya en cada caso específico.

AUTONOMÍA DEL SERVICIO ADUANERO: la autoridad aduanera es un órgano del Estado, de carácter autónomo e investido de derecho público.

AUTORIDAD ADUANERA: funcionario público o dependencia oficial que en virtud de la ley y en ejercicio de sus funciones, tiene la facultad de exigir o controlar el cumplimiento de las normas aduaneras. ◆ El funcionario del Servicio Aduanero que, en razón de su cargo y en virtud de la competencia otorgada, comprueba la correcta aplicación de la normativa aduanera , la cumple y hace cumplir.

AUTORIZACIÓN DE EMBARQUE: acto mediante el cual la autoridad aduanera permite la salida de las mercancías que han sido sometidas al régimen de exportación.

AUTORIZACIÓN DE RETIRO: se encuentra en ese estado luego de que se autorice la carga. Efectuada la misma se debe ingresar al S.I.M el pre-cumplido, de corresponder, y cumplido de la misma por parte del Servicio Aduanero. Si se embarca con diferencia, dentro de las 48 horas de finalizada la carga del cumplido se debe registrar la Declaración post embarque.

AUXILIARES DE LA FUNCIÓN PÚBLICA ADUANERA: personas naturales o jurídicas que participan ante el Servicio Aduanero en nombre propio o de terceros, en la gestión aduanera.

AVAL: compromiso que asume una persona de pagar un papel de comercio en caso de incumplimiento del deudor principal, obligándose por ello como garantía solidaria de uno de los firmantes del documento. El que asume ese compromiso se llama avalista. ◆ Garantía personal por medio de un contrato en el cual el avalista asegura el cumplimiento del librador, aceptante o endosante de una letra o pagaré.

AVERÍA: deterioro que sufre una mercadería por cualquier accidente que ocurra desde el momento de su embarque hasta reconocimiento en las Aduanas de la República (República Dominicana)

AVISO DE ARRIBO: informe que el transportador presenta a la autoridad aduanera sobre la fecha y hora en que un medio de transporte con pasajeros pero sin carga o en lastre, arriba del territorio aduanero nacional.

AVISO DE CONFORMIDAD: documento emitido por las empresas verificadoras, contratadas especialmente por los gobiernos de varios países para la fiscalización de su comercio exterior, las cuales otorgan su visto bueno al momento de importación o exportación de mercancías, una vez verificados: precio, cantidad y calidad de los productos.

AVISO DE LLEGADA: informe que el transportador presenta a la autoridad aduanera al momento de la llegada del medio de transporte al territorio aduanero nacional.

AVISO DE RECEPCIÓN: en los envíos postales, notificación mediante la cual el remitente se asegura de la recepción de lo enviado.

B

BALANZA COMERCIAL: refleja los movimientos de importación y exportación de bienes con otros países. El saldo es favorable o positivo cuando las exportaciones superan las importaciones, mientras que el saldo es negativo o desfavorable cuando las importaciones superan las exportaciones.◆ Diferencia entre el total de exportaciones y de importaciones de un país en un período determinado. Forma parte de la balanza de pagos.◆ Estado comparativo de la importación y exportación de artículos mercantiles de un país.◆ Balanza de comercio.◆ Balance comercial.◆ Balanza de mercaderías.

BALANZA DE PAGOS: estado comparativo de los cobros y pagos exteriores de una economía nacional por todos los conceptos, como intereses de empréstitos o de valores particulares, fletes, derechos de patentes, turismo, etc. Comprende la balanza comercial y también los movimientos por ingresos y egresos de divisas y oro. Entre los primeros existen los cobros por intereses por préstamos, el cobro de seguros, los ingresos por turismo, los fletes efectuados por transportes de bandera nacional y entrada de capitales. Con respecto a los egresos, comprende los mismos conceptos pero en dirección inversa. El saldo negativo de esta balanza, usualmente, debe ser cancelado mediante la entrega de metálico, acuñado o en lingotes, o en divisas fuertes. En forma excepcional se ha aceptado a algunos países el pago mediante bienes de su producción. También es de uso corriente el endeudamiento externo para cancelar tales déficits.◆ Documento contable que suministra la lista de todas las transacciones económicas que han sido realizadas durante un período dado, generalmente de un año, entre un país y el exterior *(A. Digier)*.◆ La contabilidad sistemática de todas las transacciones económicas que han tenido lugar durante un período entre los sujetos económicos del país y sujetos económicos del exterior *(FMI)*.◆ Documento contable que registra sistemáticamente el conjunto de transacciones económicas de un país con el resto del mundo durante un período determinado *(F. Mochón* y *V. Beker)*. ◆ Está compuesta por el resultado del balance comercial (exportaciones menos importaciones), la balanza de servicios reales, el resultado neto en intereses pagados y ganados, las utilidades y dividendos netos y las transferencias unilaterales. La cuenta corriente es el resultado de los movimientos de mercaderías y financieros.

BANCO COBRADOR: banco cualquiera distinto del banco remitente, involucrado en el procesamiento de la cobranza.

BANCO COMITENTE: banco al que el comitente le ha confiado la tramitación de una cobranza.

BANCO DE EXPORTACIÓN E IMPORTACIÓN: ver **Eximbank.**

BANCO INTERAMERICANO DE DESARROLLO: más conocido por la sigla BID, es un organismo internacional creado en diciembre de 1959 con el objeto de incentivar y acelerar el desarrollo económico de los países de América Latina. Actualmente cuenta con la adhe-

sión de cuarenta y seis miembros no prestatarios. Éstos no reciben financiamiento alguno, y de veintiseis miembros prestatarios que pueden obtener créditos. Posee dos fuentes de recursos propios:1) los recursos ordinarios de capital; y 2) un fondo para operaciones especiales.

BANCO INTERNACIONAL DE RECONSTRUCCIÓN Y FOMENTO: conocido por la sigla BIRF, fue creado conjuntamente con el Fondo Monetario Internacional (FMI), en la conferencia financiera y monetaria de las Naciones Unidas celebrada en Bretton Woods, comenzó a operar en el año 1946. Son países miembros del BIRF todos aquellos que forman parte del FMI. Llamado también Banco Mundial, su objeto es promover las inversiones privadas en el extranjero por medio de garantías o de participación en préstamos y otras inversiones realizadas por particulares; cuando no se disponga de capitales privados en condiciones razonables, complementar la inversión privada, facilitando recursos financieros con destino a fines productivos. Los aportes de capital de los socios son similares a las cuotas del FMI. El banco es dirigido por: 1) Junta de Gobernadores; 2) Directores Ejecutivos y 3) Director Gerente. Las formas que adopta el Banco para otorgar préstamos son de acuerdo con Serra Quiroga y Vicchi Frúgoli las siguientes: 1) mediante concesión de préstamos directos o participación en ellos con fondos propios, de capital o servicios; 2) concediendo préstamos directos, o participando en ellos, con fondos levantados en el mercado de un miembro o tomados en préstamo por el Banco; 3) mediante la garantía total o parcial de préstamos concedidos por inversionistas privados por los conductos corrientes.◆ Banco Mundial.

BANCO PRESENTADOR: banco cobrador que efectúa la presentación al librado.

BARRERAS ADUANERAS: las políticas comerciales de un gobierno sobre aranceles de importación y exportación con el fin de establecer un nivel de protección que impida a la competencia externa perjudicar la producción nacional.◆ Barreras arancelarias.

BARRERAS ARANCELARIAS: barreras aduaneras.

BARRERAS NO ARANCELARIAS: regulaciones y pautas reguladoras de orden administrativo que discriminan en favor de los bienes nacionales en detrimento de los productos extranjeros. // Medidas e instrumentos diferentes de los aranceles y de las normas cuantitativas que protegen a los productos nacionales.

BASE CIERTA: determinación de la obligación tributaria mediante elementos existentes que permiten conocer en forma directa el hecho generador de la obligación tributaria y su monto.

BASE DEL IMPUESTO: aquello sobre lo que descansa el impuesto, sobre lo que está asentado. Fijar el impuesto es, en primer lugar, determinar cuáles son las bases imponibles y, seguidamente, medir en cada caso la cantidad de base imponible a la que exactamente debe aplicarse el impuesto *(M. Duverger).*◆ Base imponible.

BASE IMPONIBLE: magnitud dineraria que resulta de la valoración del hecho imponible.◆ Suma de todos los rendimientos netos, positivos y negativos, más el exceso de los incrementos de patrimonio sobre las disminuciones de patrimonio.◆ Monto sobre el cual se aplica la tasa o alícuota para determinar el impuesto base sujeto a tributación.◆ Base impositiva.◆ Materia imponible.

BASE LIQUIDABLE: resultado de detraer de la base imponible las deducciones o detracciones vigentes en las normas legales correspondientes de cada tributo.

BASE PRESUNTA: cuando la Administración Tributaria determina en forma presunta ingresos, ventas, utilidades, etcétera.◆ Determinación de las obligaciones tributarias mediante los hechos y circunstancias que, por relación normal con el hecho generador de la obligación tributaria, permitan establecer su existencia y monto.◆ Actos o circunstancias relacionados con el derecho generador que permiten al organismo recaudador determinar la cuantía de una obligación tributaria.◆ Se recurre cuando existe imposibilidad por parte de la Administración de conocer los elementos necesarios para valorar el hecho imponible. Importa recurrir a indicios para cuantificar el hecho imponible.

BASES DEL HECHO ADUANERO: funciones fundamentales que toda aduana debe cumplir: a) la verificación aduanera; b) la valuación de las mercancías, y c) la clasificación arancelaria correspondiente.

BID: ver Banco Interamericano de Desarrollo.

BIENES ADMITIDOS COMO EQUIPAJE: los efectos nuevos o usados que una persona puede utilizar durante su viaje para vestirse, asearse y para necesidades personales (joyas personales, libros, revistas, documentos en general) coches para niños y sillas rodantes para viajeros discapacitados siempre que no ingresen con fines comerciales y de iguales elementos o de otros que en el país los utiliza para su uso personal o para ser obsequiado, siempre que su cantidad, naturaleza, variedad o valor no presuma finalidad comercial. Los elementos utilizados durante el viaje para su uso personal, admitidos como equipaje siempre pueden ingresar libre del pago de tributos.

BIENES CULTURALES: materiales y en general tangibles con un valioso significado cultural. Ejemplo: antigüedades, obras de arte, etc.

BIENES DE CAPITAL: comprenden las maquinas; motores; herramientas y todo otro tipo de activo fijo utilizado para la producción de otros bienes de prestación de servicios.

BIENES EXENTOS: aquellos bienes que son objeto de un impuesto o gravamen, pero que expresamente están eximidos de tributarlos.

BIENES GRAVADOS: aquellos que se encuentran dentro del ámbito de un impuesto y que están sujetos a su aplicación.

BILLETE: título de transporte con que el que se formaliza el contrato celebrado entre el pasajero y la empresa de transporte.

BIRF: ver Banco Internacional de Reconstrucción y Fomento.

BRIC: grupo de países compuesto por Brasil, Rusia, India y China, representan el 40% de la superficie terrestre, la mitad de la población total y genera la cuarta parte de la riqueza mundial. Se presenta como una alternativa del grupo de G8.

"BROKER": operador financiero internacional. ◆ Comercialmente, es un intermediario que se dedica a la compra y a la venta de espacios publicitarios, por cuenta propia o por cuenta y orden de terceros. ◆ Agente, cambista, intermediario. ◆ Agentes inmobiliarios que comenzaron a definir su actitud de esta forma.

BULTO: toda unidad de embalaje independiente y no agrupada de mercancías acondicionada para el transporte.

BULTOS EN RETORNO: mercancías transportadas al puerto o aeropuerto de destino, por haber faltado en la descarga del vehículo en el cual se manifestaron originalmente (SENIAT).

BULTOS POSTALES: servicio que comprende las operaciones de exportación, importación y tránsito de mercaderías por correo. Puede ser por vía marítima, terrestre o aérea entre los países de la Unión Postal Internacional.

BULTOS SOBRANTES: mercancías que una vez finalizada la verificación general de los cargamentos, aparecen de más con respecto a las anotadas en el manifiesto de carga.

BUQUE: toda construcción apta para mantenerse en el agua y dotada de medios de propulsión y dirección, constituida por una estructura principal y diversos accesorios unidas a ella en forma artificial pero conexa, que forman un todo destinado a una finalidad común: la navegación.

BUQUE DE CARGA: aquel que espera en el puerto el cargamento.

BUQUE INFECTADO: aquél en el que se determine la presencia de una enfermedad sujeta a cuarentena internacional, según lo establecido por la Organización Mundial de la Salud (OMS).

BUQUE SOSPECHOSO: aquél presuntamente infectado con una enfermedad sujeta a cuarentena internacional, de acuerdo con la Organización Mundial de la Salud, o con una enfermedad transmisible que por su peligrosidad sea un riesgo inminente contra la salud pública a juicio de la autoridad competente.

BUQUES PORTABARCAZAS: medio de agilización del trámite de descarga, consistente en que el buque así llamado hace las veces de buque madre que contiene a su bordo otros buques (barcazas) a cuyo bordo se encuentra la mercadería a ser descagada. (E. C. Barreira).

C

CA-3: ver **Triángulo del Norte de Centroamérica**.

CABOTAJE: tráfico que se hace directamente por mar entre los puertos de la República (República Dominicana). ◆ Operación aduanera entre puertos nacionales donde existan Aduanas habilitadas. Excepcionalmente, pueden realizarse entre otros puertos nacionales no habilitados, mediante autorización escrita de la Administración Aduanera competente de la jurisdicción.

CADENA LOGÍSTICA AUTORIZADA: la aprobación que otorgan las Aduanas a todos los participantes en una transacción comercial internacional en razón de su cumplimiento de las normas establecidas para el manejo seguro de las mercancías y de la información pertinente. Los envíos que circulen en una cadena logística autorizada desde su punto de origen hasta su lugar de destino se beneficiarán de un procedimiento transfronterizo integrado y simplificado en el que, para fines de importación y de exportación, se exigirá una única declaración simplificada con un mínimo de información.

CADUCIDAD: forma especial de prescripción, con plazo más breve.

CAF: Corporación Andina de Fomento. ◆ Banco de Desarrollo de América Latina. ◆ Banco de Desarrollo conformado en 1970 y constituido por 18 países de América Latina, El Caribe y Europa. Además de 14 bancos privados de la región andina. Su sede se encuentra en Caracas, República Bolivariana de Venezuela. Su objetivo fundamental es promover el desarrollo sostenible y la integración regional. ◆ Ver **Corporación Andina de Fomento**.

CÁMARA DE COMERCIO INTERNACIONAL: organismo creado

en 1919, como consecuencia de la Conferencia Internacional de Comercio, con sede en París.◆ Organismo de carácter privado dedicado al estudio de la simplificación y normalización de las reglas y usos en los intercambios internacionales.

CAMBIO: relación o contravalor entre distintas divisas.

CAN: ver **Comunidad Andina de Naciones**.

CANAL MORADO: la destinación tiene una fiscalización conjunta entre la Dirección General de Aduana y la Dirección General Impositiva. Verificación del valor.

CANAL NARANJA: el servicio aduanero realiza un examen de la documentación que conforma la declaración de la destinación a través del agente verificado. Revisión de la documentación.

CANAL ROJO: el servicio Aduanero y a través de los verificadores efectúa un control documental y físico de la mercadería. ◆ Verificación de mercadería.

CANAL ÚNICO DE IMPORTACIÓN: obligación de una persona de ingresar las importaciones de determinados productos por una determinada empresa estatal o bien por un requerimiento específico de introducción de los insumos.

CANAL VERDE: el interesado debe presentarse con la solicitud de destinación previamente pagados los derechos de importación y demás tributos en el lugar donde se encuentre la mercadería. El servicio aduanero constata los datos declarados y autoriza el retiro de la mercadería realizando un control de peso y cantidad e identificación de los bultos. No corresponde control de la documentación ni físico de la mercadería. Sin revisión.

CANALES DE SELECTIVIDAD: en materia de exportación son tres: verde, naranja y rojo. Se relacionan con el tipo de control que Servicio Aduanero realiza sobre la mercadería a exportar.

CANALES DE SELECTIVIDAD EN EXPORTACIÓN: tipos de controles que el Servicio Aduanero realiza sobre mercaderías a exportar.

CANCELADA: destinación que se encuentra en este estado luego de efectuado el cruce con el manifiesto de exportación para las vías acuáticas y aérea y la carga del cumplido correspondiente en la vía terrestre

CANON: retribución pecuniaria determinada por el uso de los recursos naturales de carácter público, si éste es legal y normal, y además oneroso, se trata de un uso autorizado por la Administración (R. Dromi).◆ Pago periódico que efectuaban al Estado quienes usufructuaban inmuebles rurales durante la vigencia de la Ley de Enfiteusis.◆ Precio del arrendamiento de un inmueble.◆ Regla, precepto.◆ Percepción pecuniaria convenida para cada unidad métrica que se extraiga de un yacimiento o que sea objeto de otra operación comercial.◆ Prestación pecuniaria que grava la concesión de una mina.◆ Impuesto que grava la actividad minera.

CAPACIDAD PARA IMPORTAR: la capacidad nominal está dada por los recursos provenientes de las exportaciones de bienes y servicios y por los ingresos netos de capitales no compensatorios. Pero la capacidad real depende de las variaciones de precios de los productos que se compran, por lo que un buen indicador es el índice de poder adquisitivo de las exportaciones *(A. Rodríguez).*

CARGA CONSOLIDADA: aquella que agrupa a una o más partidas, usualmente consignadas a diferentes destinatarios, por cada uno de los cuales hay un conocimiento, carta de porte o guía aérea, denominado "hijo". La carga consolidada viene amparada por un conocimiento, carta de porte o guía aérea principal llamada "madre". Al arribo del medio de transporte se debe presentar al servicio aduanero un manifiesto "madre" que se corresponda con el el documento principal y también los manifiestos "hijos", en los cuales se detallen los conocimientos, cartas de porte o guías aéreas "hijos"; se debe indicar el documento madre con el cual ellos se correspondan. // Se aplica cuando se efectúa el transporte de una carga en forma agrupada, bajo la responsabilidad del operador o consolidador.

CARGADOR: el que embarca las mercaderías para ser transportadas de un punto a otro a cambio del pago del flete. ◆ Persona que solicita el transporte y realiza el contrato a nombre propio sin importa si es o no propietario de las mercaderías; o sea, que es independiente del vínculo jurídico del cual derive la propiedad de las mismas, pues el titulo de propiedad no influye en el transporte dándose el caso que el cargador puede ser propietario, simple poseedor, tener la cosa en depósito, etcétera, y disponer de ella para su transporte ◆ El que tiene por oficio conducir cargas. ◆ Persona que contrata con el transportista y le entrega la mercadería para su transporte. Su principal obligación es pagar el precio. (F. Aguirre Ramírez) ◆ Quien remite o envía mercancías para su transporte. ◆ Expedidor. ◆ Persona que se obliga a suministrar la carga para el transporte.

CARGAS Y CONTENEDORES DE ALTO RIESGO: envíos de los que no se tienen información adecuada para poder considerarlos de bajo riesgo y que los servicios de inteligencia estiman de alto riesgo, en virtud de la aplicación de una metodología de análisis de riesgo basado en la información relacionada con la seguridad.

CARNÉ DE PASAJE: documento aduanero que garantiza el pago de los aranceles aduaneros en el caso de que el vehículo no sea reexportado. También se utiliza en algunos países para referirse a la importación temporal en terceros países, sin tener que depositar un aval bancario en cada frontera. // Documento otorgado por las aduanas internacionales por el que se permite la importación temporal, libre de derechos, de mercaderías específicas y en países determinados. ◆ Carnets de passages en Douanne.

"CARNETS DE PASSAGES EN OUANNE": ver **Carné de pasaje**.

CARRIAGE AND INSURANCE PAID TO: ver **Cláusula CIP.**

CARRIAGE PAID TO: ver **Cláusula CPT.**

CARTA DE CRÉDITO: contrato utilizado en la compraventa internacional de mercaderías mediante el cual, el comprador extranjero solicita a su banco la apertura de un crédito a favor de su proveedor pagadero de acuerdo con las normas y condiciones vigentes para este tipo de transacciones.

CARTA DE CRÉDITO IRREVOCABLE: carta que no puede ser cancelada y que garantiza totalmente el cobro de lo acordado en tiempo y en forma.

CARTA DE PORTE: documento que expide el acarreador, mediante el cual se deja constancia de la recepción de los bienes a transportar y se indica su destino.

"CASH AGAINST DOCUMENTS": frase inglesa que significa *pago contado para recibir los documentos,* utilizado en comercio internacional y por el cual el importador de un bien debe abonar primero la totalidad del importe para recibir los documentos correspondientes a la operación (factura comercial, conocimiento de embarque y cualquier otro documento necesario) que le permitan acreditar su pertenencia y realizar los trámites correspondientes para su despacho a plaza o nacionalización.

"CASH ON DELIVERY": ver **COD.**

CAUCA: Código Aduanero Uniforme Centroamericano.◆ Ver CAUCE.

CAUCE: ver **Código Aduanero Uniforme Centroamericano.**◆ CAUCA.

CCALA: ver **Consejo del Caribe para la Aplicación de las Leyes Aduaneras.**

CEDEIM: Certificado de Devolución Impositiva.◆ Certificado que se otorga a los exportadores en concepto de devolución o reintegro de impuestos abonados en el proceso de producción de los productos exportados.

CENTRO DE COMERCIO INTERNACIONAL: CCI.◆ Organismo de cooperación técnica de la UNCTAD y de la Organización Mundial del Comercio (OMC) dedicado a los aspectos operacionales y empresariales del desarrollo del comercio internacional. Es un órgano subsidiario conjunto de la OMC y de las Naciones Unidas. Tiene aproximadamente ciento ochenta funcionarios y los programas de cooperación técnica se financian con cargo al PNUD y a contribuciones voluntarias.

CEPAL: ver **Comisión Económica para América Latina y el Caribe**.

CERTIFICACIÓN: acto por el cual una persona, funcionario público o no, da fe de un hecho del que tiene conocimiento. ◆ Tarea profesional en la que la manifestación del contador público consiste sólo en informar sobre determinados hechos constatados con registros contables u otra documentación respaldatoria sin emitir un juicio de valor. En consecuencia, las tareas se limitan a cotejar la información con la documentación citada sin efectuar ningún otro procedimiento de auditoría tendiente a comprobar la existencia, pertenencia e integridad de la información. La certificación se aplica a ciertas situaciones de hecho o comprobaciones especiales, por medio de la constatación con los registros contables y otra documentación de respaldo y sin que las manifestaciones del contador público al respecto representen la emisión de un juicio técnico acerca de lo que se certifica. Partes componentes: título, certificación (con el aditamento que fuera necesario), destinatario, detalle de lo que se certifica, alcance de la tarea realizada, manifestaciones o aseveraciones del contador público, lugar y fecha de la emisión, firma del contador público. Por ejemplo: certificación de ingresos.◆ Certificación literal.

CERTIFICADO DE APELACIÓN REGIONAL: certificado vigente de acuerdo con las normas prescriptas por la autoridad competente el cual establece específicamente que las mercaderías son originarias de un país determinado.

CERTIFICADO DE AVERÍA: certificado del daño o siniestro ocurrido en las mercaderías durante su transporte. En realidad, es un certificado expedido por un perito en el cual constan los daños, las causas y las circunstancias que influyeron en el siniestro.

CERTIFICADO DE DEPÓSITO: documento que acredita el dominio de las mercaderías y productos en los almacenes generales de depósito.

CERTIFICADOS DE INTERVENCIÓN: documentación expedida por los reglamentos específicos y vinculados con la mercadería a exportar. Son autorizaciones de acuerdo con la mercadería a exportar. Por ejemplo: en medicamentos ANMAT, en armas al RENAR, etc.

CERTIFICADO DE ORIGEN: constancia que acredita que los bienes provienen de determinado país.◆ Documento por medio del cual un organismo autorizado certifica que las mercaderías que se embarcan son de determinado origen nacional, del país donde se despachan *(A. Digier)*.◆ Documento en el cual se certifica el origen de las mercaderías. Es emitido por el propio exportador o por la autoridad competente.◆ Generalmente sirve para lograr ciertas preferencias arancelarias o estímulos impositivos. ◆ Documento integrado por el exportador, productor o fabricante que certifica que la mercadería es originaria del país en el cual fueron obtenidas o producidas totalmente o en el que sufrieron la última transformación sustancial para conferirles su carácter esencial y distintivo de las materias primas, insumos que se utilizaron para elaborarla y que cumple con las reglas de origen aplicables a la misma *(Administración Federal de Ingresos Públicos)*.◆ Norma de origen.

CERTIFICADO DE PESO DEL EMBALAJE: se usa en el transporte; es un documento en el cual se certifica la cantidad de la que consta la partida, el peso unitario, la numeración y el sistema utilizado en el embalaje. Es emitido por el exportador, el transportista o por la autoridad competente.

CERTIFICADOS DE REINTEGRO DE IMPUESTOS: CRI.◆ Certificados que, en un principio, se utilizaban para cancelar los reintegros que se le hacían a los exportadores de ciertos productos nuevos y manufacturados; luego se generalizó su uso alcanzando los reintegros impositivos en vigencia y, finalmente, el Estado los aplicó también para el pago de reintegros otorgados a las empresas proveedoras de obras, bienes y servicios para la construcción de diversas obras públicas.

CERTIFICADO DE SU DEPÓSITO: título de crédito representativo de mercaderías que otorga su portador legitimado la propiedad de éstos, se los transmite mediante endoso, sin perjuicio de los derechos prendarios del tenedor del warrante, y debe ser emitido por los sujetos autorizados y con los recaudos formales que impone la norma legal.

CERTIFICADO SANITARIO: documento expedido por el organismo sanitario competente mediante el cual se constata el estado de las mercancías objeto del comercio exterior, destinadas a consumo y uso humano.

CESPAO: ver **Comisión Económica y Social para Asia Occidental**.

CFR: cost and freight.◆ Sigla de regla incoterms que significa "Coste y Flete" (… puerto de destino convenido).◆ Ver **Cláusula Cost and Freight**.

CHEQUE: orden de pago pura y simple librada contra un banco en el cual el librador tiene fondos depositados a su orden en una cuenta bancaria o autorización para girar en descubierto. El domicilio del banco contra el cual se libra el cheque (girado) determina la ley aplicable. El domicilio que el titular de la cuenta tenga registrado en el banco podrá ser considerado domicilio especial a todos los efectos legales derivados de la emisión del cheque.

CHEQUE A LA ORDEN: aquel emitido a la orden de una determinada persona. Puede ser transferido por simple endoso. En el supuesto de que el endoso sea en blanco, el cheque se transforma en uno al portador mientras que si figura el nombre del endosatario ha de ser reendosado por éste para su posterior transferencia.

CHEQUE NO A LA ORDEN: aquel emitido a favor de una persona determinada, con el aditamento *no a*

la orden. Se contempla en algunas legislaciones y no admite endoso, excepto para su depósito.

CIAT: Centro Interamericano de Administraciones Tributarias.◆ Integran esta organización treinta y ocho miembros de Administraciones Tributarias: veintinueve países americanos, seis países europeos, dos países africanos y uno asiático. República Checa, Sudáfrica, Kenia e India son países miembros asociados. Es un organismo internacional público sin fines de lucro; fue creado con el objetivo de proveer un servicio integral a la modernización de las administraciones tributarias de sus países miembros y promover su evolución, aceptación social y fortalecimiento institucional. En mayo de 1967, durante la primera Asamblea General celebrada en Panamá, se aprobaron los Estatutos del Centro. Interamericano de Administradores Tributarios –. En 1997 se aprobó un cambio en la denominación del Centro, "Centro Interamericano de Administraciones Tributarias, para enfatizar la naturaleza institucional del organismo.

CIF: cost, insurance and freight. ◆ Ver **Cláusula CIF**.

CIP: carriage and insurance paid to. ◆ Ver **Cláusula CIP**.

CIRCUNSCRIPCIÓN: el territorio atribuido a una oficina consular para el ejercicio de las funciones consulares

CIRCUNSCRIPCIÓN ADUANERA: territorio aduanero delimitado para cada Aduana Principal, dentro del cual ésta ejerce la potestad tributaria (SENIAT).

CLAC: ver **Comisión Latinoamericana de Aviación Civil.**

CLASES DE MERCADERÍAS: mercaderías de uso o consumo, los productos alimenticios, de limpieza y cosméticos. Sólo pueden hacer uso de los beneficios que otorgue la legislación los residentes en la zona de frontera (Legislación aduanera de Paraguay).

CLASIFICACIÓN ADUANERA: método lógico y sistemático que de acuerdo con las normas y principios establecidos en la nomenclatura del arancel de Aduana permiten identificar a través de un código numérico y su correspondiente descripción, todas las mercancías susceptibles de comercio, a fin de determinar el correspondiente tributo y las respectivas formalidades y requisitos en el curso de alguna operación aduanera, en atención a su origen (SENIAT).

CLASIFICACIÓN ARANCELARIA ADUANERA: proceso de búsqueda sistemático que, mediante la aplicación de reglas generales de interpretación y un lenguaje codificado contenido en la herramienta denominada "nomenclatura", permite identificar las mercaderías objeto de importación y/o exportación, y sus particulares características, a los fines de conocer el tratamiento arancelario y/o promocional que les resulte corresponder *(G. P. Pirotta).*

CLASIFICAR LA MERCADERÍA: ubicar la misma en el nomenclador, o sea, indicar cuál es la posición arancelaria dispuesta por los acuerdos internacionales para determinadas mercaderías (*G. A. Arocena).*

CLÁUSULA CIF: abreviatura de la expresión inglesa *cost, insurance and freight,* que significa "costo, seguro y flete". Se utiliza en el comercio internacional y significa que el precio de la mercadería comprende su precio y el seguro por transporte y flete entre el lugar de origen y el de destino. El exportador cobra el costo de la mercadería, los gastos de embarque el flete al puerto de destino, y el seguro de la mercadería.

CLÁUSULA CIP: abreviatura de la expresión inglesa *carriage and insurance paid to...;* es decir, "transporte y seguro pagados hasta...". Significa que el vendedor entrega la mercadería al transportista designado por él, pero que, además, debe pagar los costos del transporte necesario para llevar las mercaderías al destino convenido. Además, el vendedor debe también conseguir el seguro contra riesgo, que soporta el comprador, de pérdida o daño de las mercaderías durante el transporte. Es decir, asume todos los gastos y riesgos por pérdida o daño de la mercadería, desde el momento que fue entregada al transportista.

CLÁUSULA "COST AND FREIGHT": *C&F.*◆ Frase inglesa que significa "costo y flete". Esta cláusula es utilizada en el comercio internacional y es interpretada como que el exportador le cobra el costo de la mercadería, los gastos de embarque y el flete al puerto de destino, excluyendo el seguro de la mercadería. ◆ En esta cláusula, las características en cuanto a la transferencia del riesgo y el reparto de gastos y obligaciones son iguales a FOB *(Free on Board)* pero con la diferencia que el vendedor debe pagar: 1) el costo del flete correspondiente al transporte de navegación desde el puerto de embarque convenido hasta el destino y 2) los gastos de descarga cuando fueran por cuenta del cargador según el contrato de transporte. Según José L. Riva, comúnmente se presta a errores. La transmisión del riesgo se produce al sobrepasar la borda del buque en el puerto de embarque y no al llevar las mercaderías al puerto de destino. Además agrega que este término debe ser utilizado cuando el transporte sea de navegación marítima o interior.

CLÁUSULA CPT: abreviatura de la expresión inglesa *carriage paid*

to...; es decir, "transporte abonado hasta..." (un lugar específico, determinado). "Transporte pagado hasta..." significa que el vendedor realiza la entrega de la mercadería cuando la pone a disposición del transportista designado por él, pero que además debe pagar los costos del transporte necesario para llevar la mercadería al destino convenido. El comprador asume todos los riesgos y cualquier otro costo contraídos después de que la mercadería haya sido así entregada.

CLÁUSULA DAP: abreviatura de la expresión inglesa *delivered at place*. Significa entregado en el lugar. Lugar de destino convenido. El vendedor asume el compromiso a colocar la mercadería despachada para la exportación, soporta los gastsos hasta el momento de estar a disposición del comprador en el lugar convenido. Incluye todos los gastos y riesgos. El comprador abona todo gasto adicional en caso de no poder despacharse en tiempo y forma.

CLÁUSULA DAT: abreviatura de la expresión inglesa *delivered at terminal*. Significa entregado en terminal, o sea, en el puerto o lugar de destino. El vendedor paga los gastos y el flete hasta la terminal. Descagada del medio del transporte y entregada la mercadería, despachada en la terminal y en el plazo estipulado. El comprador aume los gastos y daños de la mercadería desde el momento que fue puesta en la terminal de destino.

CLÁUSULA DDP: abreviatura de la expresión inglesa *delivered duty paid,* es decir, entrega en el destino final con todos los impuestos y costos de importación y trámites de aduana a cargo del exportador. No debe utilizarse en el caso que el vendedor no pueda obtener la licencia de importador.

CLÁUSULA FAS: abreviatura de la expresión inglesa *free alongside ship*, es decir, "franco al costado del navío". Es una cláusula de comercio internacional que significa que el precio de las mercaderías de exportación comprende todos los gastos hasta que éstas son colocadas al costado del buque, de donde se desprende que los gastos de embarque, de flete marítimo y de seguro, más los gastos de desembarco y de los gravámenes de aduana, están a cargo del importador. ◆ FAS.

CLÁUSULA FCA: abreviatura de la expresión inglesa *free carrier,* que significa "libre al transportista". El vendedor cumple al entregar la mercadería al tranportista en el lugar convenido. Por esta cláusula los riesgos del traslado son asumidos por el comprador. ◆ FCA.

CLÁUSULA FOB: abreviatura de la expresión inglesa *free on board,* que significa "libre a bordo". Cláusula mediante la cual el comprador de una mercadería se hace cargo de todos los gastos y riesgos del transporte. La cláusula significa que el precio de las mercaderías de exportación comprende todos los gastos hasta que son ubicadas en el medio de transporte; son a cargo del importador el flete y el seguro más los gastos de desembarco y los gravámenes aduaneros.◆ FOB.

CLÁUSULA FOR: ver **Free on railway.**

CLÁUSULA FRANCO FÁBRICA: se aplica cuando en un contrato de compraventa de embarque se fija que el comprador se hace cargo de la mercadería a partir de ser embarcada en el transporte desde la fábrica.

CLÁUSULAS INCOTERMS: la finalidad de las reglas "Incoterms" es determinar los derechos y obligaciones de las partes involucradas, es decir, el comprador y el vendedor. El alcance de los términos incoterms se limita a los temas relativos a la determinación de responsabilidades de las partes involucradas en el contrato de compraventa, en relación con la entrega de las mercancías vendidas (en el sentido de "tangibles", sin incluir las "intangibles" como el software del ordenador. ◆ Ver **Incoterms.**

CLUB COMERCIAL: asociación comercial de varios países de una región los cuales tienen disminución de los aranceles de importación de las mercaderías provenientes de los países vinculados. Cada país mantiene sus aranceles originales frente al resto del mercado. Ejemplo: ALADI.

COBERTURA: pago de una mercadería importada mediante la compra y remesa de la moneda extranjera.

COD: cash on delivery. ◆ Cobro contra entrega o pago anticipado.

CÓDIGO ADUANERO: cuerpo de normas de derecho público que regula en forma sistemática la materia aduanera y determina el régimen al que deben someterse quienes realicen operaciones o presten servicios directa o indirectamente vinculados con el comercio exterior.

CÓDIGO ADUANERO UNIFORME CENTROAMERICANO: CAUCA // Tiene por objeto establecer la legislación aduanera básica de los Estados parte conforme los requerimientos del Mercado Común Centroamericano y de los instrumentos regionales de la integración, en particular con el convenio sobre el Régimen Arancelario y Aduanero Centroamericano (incluye a Guatemala, Belice, Honduras, Nicaragua, El Salvador, Costa Rica y Panamá). ◆ CAUCE.

COMERCIO A BENEFICIO DE BANDERA: beneficio otorgado a ciertos barcos que consiste en la reducción de derechos arancelarios sobre las mercaderías que transportan.◆ El que se realiza entre países que están en guerra, utilizando una embarcación con bandera de una nación neutral.

COMERCIO DE CABOTAJE: se aplica cuando el transporte de las mercancías se realiza entre puertos de un mismo país.

COMERCIO EXTERIOR: conjunto de transacciones comerciales sobre mercancías y servicios que realizan los residentes de un país con los de otros países.◆ Operaciones a las que puede acceder un banco, cumplimentando los requisitos exigidos por el Banco Central y con la autorización de éste. ◆ Libre intercambio de mercancías (compraventa) y la recepción-prestación de servicios realizados entre personas físicas o jurídicas radicadas en países distintos.◆ Actividad que comprende toda clase de negociaciones de naturaleza comercial entre empresas y/o personas que se encuentran en territorios de distintas jurisdicciones.◆ Parte del sector externo de una economía que regula los intercambios de mercaderías y productos entre los compradores y vendedores residentes en dos o más mercados nacionales o internacionales. En tanto transacción comercial, involucra a alguien que la compra -ya sea a escala individual o entre países- y el Estado que por medio de la Aduana realiza el control de la actividad y percibe los tributos. En estas operaciones intervienen además otros agentes conocidos con el nombre de auxiliares del comercio exterior.

COMERCIO INTERNACIONAL: conjunto de transacciones económicas, financieras y comerciales que realizan los Estados, los particulares y los Estados entre sí, investidos éstos de sus propias potestades a nivel mundial.◆ El que se realiza entre distintos países; puede ser de exportación y/o de importación. ◆ Intercambio de bienes y servicios entre los países.◆ Proceso económico por el que los países, tanto el Estado como los sujetos particulares, importan y exportan bienes, servicios y capital financiero. ◆ Negociación de productos diferentes entre distintos países, zonas o regiones.◆ Comercio exterior

COMERCIO INVISIBLE: en el que quedan incluidos los pagos de servicios, gastos de turismo seguros distintos de los relativos a importaciones y exportaciones, regalías y royalties, préstamos financieros, intereses, utilidades de inversión, suscripción a periódicos y revistas, cursos por correspondencia, ayudas familiares, gastos médicos, etc. *(G. Plott).*

COMERCIO VISIBLE: en el comercio internacional, consiste en el movimiento de las mercaderías que se compran y venden, es decir, lo que se conoce como las importaciones y las exportaciones. Dentro de quedan calificados también los servicios anexos al transporte de los bienes y productos, como los fletes y seguros *(G. Plott).*

COMISIÓN: percepción que recibe un Agente Comercial por las tareas realizadas y vinculadas con el comercio exterior y otras actividades similares.

COMISIÓN ECONÓMICA PARA AMÉRICA LATINA Y EL CARIBE: CEPAL. ◆ Organismo de las Naciones Unidas fundado en 1948, con sede en Santiago de Chile. Su función básica es asesorar a los gobiernos en planes de desarrollo agrario e industrial. Coopera con organizaciones nacionales, internacionales y regionales; colabora con sus 43 Estados Miembro y sus 8 Estados Miembro asociados en la investigación y el análisis de los procesos regionales y nacionales de desarrollo.

COMISIÓN ECONÓMICA PARA EUROPA: CEPE.◆ Foro creado en 1947 que reúne 56 países de

América del Norte, Europa y Asia Central para forjar los instrumentos de su cooperación económica. Además, incluye a Israel. Su objetivo fundamental es armonizar la política y la práctica de sus Estados Miembros. Facilita el comercio, la integración y la inversión. Allí se negocian acuerdos y se realizan actividades asistenciales. Su sede funciona en Ginebra (Suiza).

COMISIÓN ECONÓMICA Y SOCIAL PARA ASIA OCCIDENTAL: CESPAO. ◆ Comisión creada en 1973 que facilita la acción concertada para el desarrollo económico y social de los países del Asia occidental mediante la promoción de la cooperación e integración económicas de la región. Conformada por 13 Estados Miembro, es el principal foro de desarrollo económico y social del sistema de las Naciones Unidas en la región. Su sede funciona en Beirut (Libano).

COMISIÓN ECONÓMICA Y SOCIAL PARA ASIA Y EL PACÍFICO: CESPAP. ◆ Comisión creada en 1947 que se ocupa de las situaciones y cuestiones sociales y económicas de la región. Está compuesta por 51 Estados Miembros y cuenta, además, con 9 Estados Miembro asociados. Esta institución de las Naciones Unidas brinda un asesoramiento directo a los gobiernos, datos e información de reuniones y publicaciones. Su sede funciona en Tailandia.

COMISIÓN LATINOAMERICANA DE AVIACIÓN CIVIL: CLAC. // Organismo regional intergubernamental de carácter consultivo que tiene por objetivo proveer a las Autoridades de Aviación Civil de los Estados miembro una estructura adecuada dentro de la cual puedan discutirse y planearse todas las medidas requeridas para la cooperación y coordinación de las actividades de acción civil de la región (C. Ortega Vergés).

COMISO: medida que implica la privación con carácter definitivo de las mercaderías y que se apropia el Estado.

COMITÉ TÉCNICO DE LAS NORMAS DE ORIGEN: CTNO. // Estructura que se estableció en 1995 en virtud del Acuerdo sobre Normas de Origen de la Organización Mundial de Comercio. Se ocupa de llevar a cabo los principales trabajos de armonización de las normas de origen armonizadas.

COMITÉ TÉCNICO DE VALORACIÓN DE ADUANA: CTVA. // Estructura de la Organización Mundial de Aduana establecida en 1980 en virtud del Acuerdo sobre Valoración en Aduana de la Ronda de Tokio.

COMITENTE: parte que confía la tramitación de una cobranza a un banco.

"COMMODITY": bienes económicos tipificados o estandarizados que cumplen con los requisitos de la competencia perfecta, específicamente: atomicidad, homogeneidad y transparencia del mercado. ◆ Commodities. ◆ Mercancías. ◆ Artículos.

COMPENSACIÓN POR EQUIVALENCIA: cuando en lugar de utilizar mercaderías de importación, se emplean mercancías equivalentes, es decir, de la misma calidad comercial, idénticas características técnicas y de la misma subpartida del arancel aduanero común.

COMPETENCIA: facultad para aplicar el derecho, que puede ser razón de la materia, tiempo y grado.

COMPRAVENTA INTERNACIONAL DE MERCADERÍAS: internacional cuando el resultado del acuerdo supone que la cosa vendida cruce los límites territoriales de un Estado. No es lo mismo este concepto que un contrato internacional de compraventa.

COMPROBANTE FISCAL: documento en el que consta una operación mercantil o el pago de un servicio. ◆ Documento que acredita la transferencia de bienes, la entrega en uso o la prestación de servicios, el cual debe cumplir siempre con los requisitos mínimos exigidos por la institución competente. En la Argentina, AFIP (Administración Federal de Ingresos Públicos), en la República Dominicana, DGII (Dirección General de Impuestos Internos), en Costa Rica y El Salvador Ministerio de Hacienda.

COMUNIDAD ANDINA DE NACIONES: CAN.◆ Organización internacional constituida por Bolivia, Ecuador, Colombia y Perú, que comenzó a funcionar como tal en agosto de 1997. Representa la continuación del Pacto Andino creado en 1969, Acuerdo de Cartagena. Constituido originariamente por Bolivia, Colombia, Chile, Ecuador y Perú. Entre sus objetivos principales figuran: 1) promover un desarrollo equilibrado e integral, 2) facilitar su participación en el proceso de integración regional, 3) mejorar la participación del grupo subregional en el contexto económico internacional y 4) fortalecer la solidaridad entre los países miembros.◆ Grupo Andino.

COMUNIDAD DEL CARIBE: ver **Mercado Común del Caribe**.

COMUNIDAD ECONÓMICA DE ÁFRICA OCCIDENTAL: CEAO.◆ Bloque fundado en 1974, creado con el objeto de enfrentar dificultades debido al subdesarrollo económico y a los conflictos políticos y tribales de la región. Está compuesta por: Benin, Burkina Faso, Costa de Marfil, Gambia, Ghana, Liberia, Malí, Mauritania, Niger, Nigeria, Senegal, Sierra Leona y Togo.

COMUNIDAD EUROPEA DEL CARBÓN Y EL ACERO: CECA.◆ Organización creada en 1952. Agrupa a Francia, Alemania, Bélgica, Luxemburgo, Italia y Holanda. El objetivo de esta asociación es tratar de obtener la mayor producción de carbón y de acero. También su misión es contribuir en armonía con la economía de los Estados Miembros y, merced al establecimiento de un mercado común, a la expansión económica, al desarrollo del empleo y a la elevación del nivel de vida de los Estados Miembros. En julio de 2002 expiró su plazo.

CONDONACIÓN: modo de extinción de la obligación tributaria por decisión del Estado y dispuesto con carácter general para todos los contribuyentes *(A. C. Altamirano).*

CONFERENCIA DE LAS NACIONES UNIDAS SOBRE COMERCIO Y DESARROLLO: UNCTAD.◆ Órgano principal de la Asamblea General en la esfera del comercio y el desarrollo. Tiene 179 Estados Miembros y su Secretaría está asentada en Ginebra (Suiza). El mandato de este organismo consiste en promover el comercio internacional, en particular el de los países en desarrollo, con miras a acelerar su crecimiento económico.

CONOCIMIENTO DE EMBARQUE: documento de transporte marítimo que demuestra la existencia de un contrato de transporte, otorgando derechos sobre las mercaderías y cumpliendo la función de título-valor *(Administración Federal de Ingresos Públicos).* ◆ También llamado "póliza de carga", es la escritura privada en que el capitán y cargador reconocen el hecho de embarque de las mercancías y expresan las condiciones del transporte convenido *(Código de Comercio de Chile).*

CONSEJO DE COOPERACIÓN ADUANERA: CCA. ◆ Con sede en Bruselas, Bélgica, fue creado en 1952 y tiene como función el estudio de las cuestiones vinculadas al fomento de la cooperación aduanera entre los Estados y busca el desarrollo, el perfeccionamiento y la profundización de las técnicas y las normas aduaneras. Su función principal es promover la cooperación sobre materias aduaneras y coordinar los mecanismos para la ejecución de los convenios relativos al valor y a la nomenclatura. A partir de 1994 se denomina Organización Mundial de las Aduanas, OMA, auspicia y orienta sobre la aplicación del Código de Valoración del GATT, así como lo concerniente al Sistema Armonizado de Designación y Codificación de Mercancías.

CONSEJO DE SEGURIDAD: órgano fundado en la distinción entre grandes y pequeñas potencias. A la primera se les concede puesto permanente y derecho de veto.

CONSEJO DEL CARIBE PARA LA APLICACIÓN DE LAS LEYES ADUANERAS: asociación integrada por las administraciones aduaneras de la región del Caribe. Su función principal es mejorar e intensificar el nivel de cooperación y el intercambio de información para la prevención y represión de los delitos aduaneros en la zona. Esta institución se constituyó en 1986, y surge con la firma del Mermoraciado de Entendimiento sobre la prevención del contrabando y otros delitos aduaneros en la zona del Caribe. Se ocupa de proporcionar la asistencia mutua entre las administraciones aduaneras. Cuenta con 34 países miembros, ellos son: Anguila, Antigua y Barbuda, Aruba, Islas Vírgenes Británicas, Bahamas, Barbados, Belice, Bermuda, Canadá, Islas Caimán, Dominica, República Dominicana, Francia, Granada, Guatemala, Guyana, Haití, Honduras, México, Montserrat, Países Bajos, Antillas Holandesas, Panamá, Santa Lucía, San Kitts y Nevis, San Nevis y Granadinas , Surinam, Trinidad y Tobago, Turcos y Caicos, Reino Unido, EE.UU, República Bolivariana de Venezuela. Su dirección la desarrolla un Comité Ejecutivo, compuesto por 12 miembros que se eligen anualmente. Los esfuerzos están dirigidos al mejoramiento de los sistemas de comunicación, información e inteligencia, reformas y modificaciones de las aduanas y cooperación permanente entre las administraciones aduaneras. ◆ CCALA.

CONSIGNACIÓN: operación mediante la cual una persona denominada comitente encarga a otra, el consignatario, la realización de una detrminada operación de comercio mediante el pago de una retribución.

CONSIGNANTE: persona que remite mercancías al exterior.

CONSIGNATARIO: persona física o jurídica a quien el remitente o embarcador en el exterior envía una mercancía, o a quien se le haya endosado el documento de trasporte. // Persona destinataria de la mercancía o que adquiere esta calidad u otra forma de transferencia.

CONSOLIDADOR: quien unifica los distintos bultos o paquetes y el control de los mismos para efectuar el despacho a un solo receptor.

CONSORCIO DE EXPORTACIÓN: conjunto de empresas integradas con un objetivo común que actúan en forma independiente potenciando sus fortalezas y minimizando sus debilidades para insertarse en el comercio internacional (*C. Ledesma*).

CONSORCIO MULTISECTORIAL DE EXPORTACIÓN: conjunto de empresas pertenecientes a distintos sectores de la economía que interactúan, se vinculan o se relacionan entre ellas.

CONSORCIO SECTORIAL DE EXPORTACIÓN: conjunto de empresas pertenecientes a un mismo sector, pero generalmente con productos diferentes.

CONSUMIDOR: quien, sin ser parte de una relaciónde consumo, como consecuencia o en ocasión de ella adquiere o utiliza bienes o servicios como destinatario final, en beneficio propio o de su grupo familiar o social, y a quien de cualquier manera está expuesto a una relación de consumo. ◆ Usuario.

CONSUMO EN ZONA FRONTERIZA: zona franca de territorio aduanero que estará constituida por una franja de hasta 20 (veinte) kilómetros, paralela a la línea divisoria internacional (Legislación Aduanera de Paraguay).

"CONTAINER": caja de carga. ◆ Ver **Contenedor**.

CONTENEDOR: elemento utilizado para el transporte de mercaderías o de bienes. Hay de distintos tamaños y formas, según el medio de transporte que lo use. Por lo general, son cajones de gran tamaño que pueden albergar 20 o 40 toneladas y son utilizados por barcos o camiones. En los aviones también se emplean contenedores de menor capacidad. ◆ *Container*.

CONTINGENTE A LA IMPORTACIÓN: restricción cuantitativa que los gobiernos instauran para desalentar la importación de bienes extranjeros, específicos o no, limitando el volumen que puede importar independientemente de su valor o precio.

CONTRABANDO: ingreso o egreso ilegal de bienes al o del país por el que, en virtud de su significancia y clase de operación, debiera darse intervención a la aduana pero que, con el fin de evitar el pago de gravámenes aduaneros, se omite tal requerimiento. ◆ Todo acto u omisión destinado a sustraer mercaderías o efectos a la intervención aduanera mediante clandestinidad u ocultación; quien incurre en este delito procede subrepticiamente, de manera furtiva; es decir, obra con dolo. ◆ Toda acción u omisión, tendiente a impedir la intervención aduanera en operaciones de introducción o extracción de mercaderías o susceptibles de inducir a error, mediante ardid o engaño acerca del tratamiento fiscal de éstas y sobre la aplicación de normas establecidas en defensa de la economía nacional *(G. Giuliani Fonrouge)*.

CONTRABANDO MENOR: todo acto u omisión tendiente a impedir o dificultar el adecuado control que le compete a la aduana sobre las importaciones y/o exportaciones, cuando la mercadería objeto del ilícito no supere el valor fijado en la norma o ley.

CONTRABANDO SIMPLE GENÉRICO: todo acto u omisión de persona visible de uno u otro sexo que mediante ardid o engaño, impidiere o dificultare el adecuado ejercicio de las funciones que las leyes acuerdan al servicio aduanero para el control sobre las importaciones y las exportaciones.

CONTRATO DE FLETAMENTO: aquel por el cual una de las partes (porteador) se obliga a trasladar de un lugar a otro mercaderías o efectos mediante una retribución. Constituye una modalidad de los transportes marítimos (que pueden referirse a personas, a arrastres de cuerpos flotantes y a arrendamiento de la nave, los cuales no han de ser objeto de exposición).◆ Contrato, consignado por evento, por el cual una persona se obliga, mediante cierto precio, a transportar en un buque de un puerto a otro las mercaderías que otra persona le confía y a entregar a la persona que al efecto se designa *(Miñana)*.

CONTRATO DE SEGURO: contrato mediante el cual el asegurador se compromete u obliga a prestar una prestación, o resarcir un daño ante un determinado evento y el asegurado a oblar una prima o cotización.

CONTRATO DE TRANSPORTE: convenio mediante el cual una persona, denominada porteador, se obliga a transportar, bajo su inmediata dirección y administración o la de sus dependientes, por agua, por tierra o por aire, a personas, animales, mercaderías u otros objetos percibiendo por ello una retribución.◆ Contrato por el cual una persona llamada transportador se obliga a transportar un objeto que le es confiado por el expedidor, para entregarlo en otro lugar al destinatario (transporte de mercaderías); o contrato en que el transportador se obliga a hacer que una persona recorra un itinerario determinado (transporte de pasajeros) *(H. Capitant)*. ◆ El elemento formal más importante es la carta de porte y los elementos objetivos fundamentales en este tipo de contrato son la cosa porteada y precio del transporte. En tanto, los elementos personales típicos son: el porteador, el cargador y el consignatario.

CONTRATO INTERNACIONAL: cuando en su celebración y ejecución se vincula a varios sistemas jurídicos por los domicilios de oferentes y aceptantes como si su ejecución es multinacional. *(A. Boggiano)* ◆ Cuando el cumplimiento de las obligaciones contraídas por las partes afectan directamente a más de una economía nacional. *(R. Herbert)* ◆ Cuando uno o más de sus elementos están vinculados con sistemas jurídicos extranjeros. El domicilio de las partes contratantes, el lugar de celebración del contrato o el lugar en que este vaya a producir sus efectos, se ubique en el territorio de otro país, es determinante del carácter internacional del contrato.

CONTRIBUCIÓN: tributo en el cual existe una contraprestación de carácter mixto. Se utiliza como contraprestación por el beneficio que ha recibido un inmueble del contribuyente como consecuencia de la obra pública efectuada por el Estado. Tiene características tanto de la tasa como del impuesto.◆ Tributo cuya obligación tiene como hecho generador beneficios derivados de la realización de obras públicas o de actividades estatales.

CONTRIBUYENTE: persona ideal o física que se encuentra obligada, por imperio de la ley, a abonar gravámenes fiscales, impuestos o tributos. ◆ Aquel respecto del cual se verifica el hecho generador de la obligación tributaria.

CONTROL ADUANERO: conjunto de medidas tomadas por la autoridad aduanera con el objeto de asegurar la observancia de las disposiciones aduaneras. ◆ Ejercicio de la función principal encomendada a las aduanas, tal es el control sobre la introducción, extracción y circulación de mercaderías.◆ Control de Aduana.

CONVENIO DE LOMÉ: puede considerarse un modelo para la cooperación con países de África, el Caribe y el Pacífico (grupo ACP).

La mayoría de los miembros de este grupo mantienen vínculos económicos tradicionales con los Estados de la Unión Europea, que estaba particularmente interesada en fomentar su desarrollo. Se empezó con los Convenios de Arusha y de Yaundé, en 1963, y ya vamos por el cuarto Convenio de Lomé. A los miembros del Convenio de Lomé se les concede el acceso libre de derechos para todos los productos industriales y para casi todos los agrícolas; además, se benefician de las normas de origen más liberales que existen, con lo que pueden utilizar de la manera más provechosa las reducciones arancelarias y empleos, unos y otros, los productos de los demás países para cumplir la acumulación de las normas de origen.◆ Tratado de Lomé.

CORPORACIÓN ANDINA DE FOMENTO: CAF.◆ Organismo multilateral con sede en Caracas. Obtiene los fondos colocando múltiples bonos en los mercados internacionales. Es una institución financiera internacional, integrada por accionistas de: Bolivia, Colombia, Ecuador, Perú, Repíblica Bolivariana de Venezuela, Argentina, Brasil, Chile, Costa Rica, Jamaica, México, Panamá, Paraguay, Trinidad y Tobago y España y bancos privados de la región andina. El acuerdo constituido fue firmado por los representantes de Bolivia, Colombia, Chile, Ecuador, Perú y

República Bolivariana de Venezuela, países que luego conformaron el Grupo Andino. Dicho acuerdo entró en vigencia el 30 de enero de 1970 y la institución comenzó a operar el 8 de junio de 1970. La misión fundamental es apoyar el desarrollo sostenible de sus países accionistas y la integración. ◆ Ver **CAF.**

"COST AND FREIGHT": costo y flete.◆ Ver **"Cláusula cost and freight".**

"COST, INSURANCE AND FREIGHT": CIF.◆ Costo, seguro y flete.◆ Ver **Cláusula CIF.**

COSTO CONSTANTE: costo rígido.◆ Ver **Costo fijo.**

COSTO FIJO: costo o erogación invariable ante cualquier nivel de producción.

COSTO Y FLETE: cláusula mediante la cual el vendedor asume los costos del transporte hasta su destino.◆ Cláusula cost and freight.

CPT: carrier paid to. ◆ Sigla de regla incoterms que significa "Transporte Pagado Hasta" (...lugar de destino convenido). ◆ Ver **Cláusula CPT.**

CRÉDITOS A LA IMPORTACIÓN Y A LA EXPORTACIÓN: líneas específicas de crédito que las entidades financieras ponen a disposición de sus empresas clientes para financiar actividades de importación y de exportación

CRÉDITO DERIVADO: crédito que se abre respaldado en otro.

CRÉDITO DOCUMENTARIO: operación bancaria que permite al importador asegurar el cobro al exportador extranjero mediante la apertura de un crédito documentario otorgado por un banco del país del importador. ◆ Crédito concedido por un banco, llamado emisor, a un solicitante, ordenante-comprador, utilizable por un tercero, beneficiario-vendedor, con la finalidad de que éste cobre el precio de la mercadería vendida al solicitante, ordenante, a cuyo efecto el beneficiario, vendedor, debe presentar la documentación que compruebe la expedición de las mercaderías siempre y cuando ésta esté de acuerdo con lo estipulado. ◆ Compromiso escrito asumido por un banco (banco emisor) de efectuarle un pago (directamente aceptándole o negociándole letras de cambio) al vendedor (beneficiario) a su solicitud y de acuerdo con las instituciones del comprador (ordenante) hasta la suma de dinero indicada, dentro de un determinado tiempo y contra entrega de los documentos estipulado (Cámara Internacional de Comercio). ◆ Mecanismo de cobranza que se da cuando el comprador solicita a un banco usualmente de su plaza, que lo emita en beneficio del vendedor. Mediante la emisión del crédito documentario el banco se compromete a pagar un monto determinado, que había de ser el precio de la compraventa internacional, contra la presentación de los documentos de embarque, factura comercial, póliza de seguro, certificados y otros que se pueda establecer *(J. L. Riva)*.

CRÉDITOS A LA IMPORTACIÓN Y A LA EXPORTACIÓN: líneas específicas de crédito que las entidades financieras ponen a disposición de sus empresas clientes para financia actividades de importación y exportación.

CUMPLIDO: destinación que implica la acción de consignar en las destinaciones de exportación, las constancias de las cantidades efectivamente puesta a bordo o del egreso de las mismas por la aduana de salida con destino al exterior.

C&F: ver **Cláusula cost and freight y Costo y flete.**

D

DAP: delivered at place. ◆ Ver **Cláusula DAP**.

DAT: delivered at terminal. ◆ ver **Cláusula DAT**.

DDP: delivered duty paid. ◆ Ver **Cláusula DDP**.

DECLARACIÓN ADUANERA: todo viajero que ingrese a un país debe efectuar una declaración de contenido de su equipaje. Formalidad obligatoria que permite determinar la aplicación o no de derechos de aduana a cualquier mercadería tarifada.

DECLARACIÓN ANTICIPADA: esta declaración debe contener la información suficiente para determinar los tributos aduaneros aplicables a la fecha de la registración. Se deben pagar o garantizar los tributos aduaneros correspondientes (Legislación Aduanera de Paraguay).

DECLARACIÓN CERTIFICADA DE ORIGEN: ver **Certificado de origen**.

DECLARACIÓN DE ARUSHA REVISA DE LA OMA: la fuente principal para la instalación de sistema anticorrupción por las administraciones de aduanas.

DECLARACIÓN DE CARGA: documento básico en el que figuran los datos exigidos por las autoridades públicas a la llegada y a la salida, referentes de la carga; sin embargo los pormenores referentes a las mercaderías peligrosas pueden ser exigidos por separado.

DECLARACIÓN DE EMBARQUE: declaración que el cargador debe suministrar por escrito al transportador que contenga un detalle de la naturaleza y calidad de la mercadería que será objeto del transporte, con indicación del número de bultos o piezas, la cantidad o el peso, según los casos y las marcas principales de identificación.

DECLARACIÓN DE ESCALA: la formulada por el agente marítimo del puerto donde el buque hace escala sin recibir carga para los puertos del país, aunque conduzca carga recibida en escalas anteriores.

DECLARACIÓN DE MERCADERÍAS: se expresa libre y voluntariamente el régimen al cual se someten las mercaderías y se aceptan las obligaciones que éste impone. Se entiende efectuada bajo fe de juramento. Toda mercadería para ser destinada a un régimen aduanero debe estar amparada en una declaración de mercancías. La obligación de declarar incluye también a los mercaderías libre de derechos arancelarios y a las que de cualquier forma gocen de exención o franquicia. // Acto efectuado en la forma prescrita por la aduana mediante el cual los interesados indican el régimen aduanero que ha de aplicarse a las mercancías y comunican los elementos cuya declaración exige la aduana para la aplicación de este régimen.

DECLARACIÓN DE SALIDA EN LASTRE: aquella formulada por el agente marítimo del puerto de salida del buque cuando éste no ha recibido carga al iniciar el viaje.

DECLARACIÓN DE SINIESTRO: denuncia a la empresa aseguradora sobre un siniestro; es decir, cuando se le informa.

DECLARACIÓN DE TRÁNSITO: documento o certificado aduanero en el cual se hacen constar los datos e información de una operación de tránsito aduanero.

DECLARACIÓN GENERAL: documento básico en el que figura la información exigida por las autoridades públicas a la llegada y a la salida, referente al buque.

DECLARACIÓN JURADA: deber formal más importante de los responsables. Es un acto debido y no meramente espontáneo, una especie de rendición de cuentas. Es un modo especial de determinación del sujeto pasivo. Se revelan los hechos imponibles, se identifica la materia imponible, para posibilitar la liquidación del impuesto.◆ Manifestación escrita bajo juramento.◆ Documento donde los contribuyentes declaran los ingresos y beneficios de las actividades obtenidas dando constancia de los bienes y servicios prestados por su actividad económica, así como de su patrimonio al cierre del ejercicio fiscal (Dirección General de Impuestos Internos de la República Dominicana). ◆ Declaración Jurada Fiscal.

DECLARACIÓN JURADA FISCAL: denominación que se da a las declaraciones concernientes a la determinación del monto imponible y del gravamen a pagar. Esta declaración se encuentra sujeta a verificación por parte de la autoridad respectiva, responsabilizando al contribuyente de su veracidad y exactitud. ◆ Declaración fiscal.

DECLARACIÓN POST EMBARQUE: destinación cuya declaración realiza el exportador de las cantidades de unidades de venta y/o bultos que efectivamente fueron embarcados respectos de los declarados en la solicitud de destinación de exportación comprometida.

DECLARANTE: persona que firma o en nombre de la cual se firma una declaración de mercaderías.

DECOMISO: pena accesoria de carácter retributivo que consiste en la pérdida de cosas muebles a favor del Estado o para su destrucción.

DEFLACIÓN: disminución en el nivel general de precios.

DEFRAUDACIÓN: falsas manifestaciones capaces de producir un perjuicio pecuniario al estado, o bien que pudieran producirlo *(G. Giuliani Fonrouge).*

DEFRAUDACIÓN ADUANERA: ver **Defraudación tributaria.**

DEFRAUDACIÓN FISCAL: defraudación tributaria. ◆ Ilícito aduanero por falsas declaraciones.

DEFRAUDACIÓN TRIBUTARIA: actos llevados a cabo por medio de artificio o engaño, como ocultar bienes o rentas gravadas, fingir pasivo, adulterar contabilidad o llevarla doble, o liquidar sociedad sin haber cancelado el respectivo tributo.◆ Incurre en defraudación el que, mediante simulación, ocultación, maniobra o cualquier otra forma de engaño, intenta inducir a error al sujeto activo en la determinación de, con el objeto de producir o facilitar la evasión fiscal estatal o parcial de éstos *(Código Tributario de la República Dominicana).*◆ Defraudación impositiva.◆ Defraudación fiscal.

DELITO: conducta o acción típica, antijurídica y culpable. ◆ Ilícito aduanero por contrabando. ◆ Delito económico.

DELITO ADUANERO: acto u omisión que en este título se reprime por transgredir las disposiciones normativas.

DELITO CULPOSO: aquel mediante el cual el autor realiza la conducta prohibida sin dolo, es decir, sin intencionalidad, pero cómo consecuencia de su obra descuidada, negligente, imprudente, se produce el resultado aduanero.

DELITO ECONÓMICO: infracción jurídico-penal que lesiona o pone en peligro el orden económico entendido como regulación jurídica del intervencionismo estatal en la economía de un país (M. Bajo y S. Bacigalupo)

DELITOS TRIBUTARIOS: constituyen delitos tributarios los siguientes casos: 1) la defraudación tributaria, 2) la elaboración y el comercio clandestinos de productos sujetos a impuestos y 3) la fabricación y la falsificación de especies o valores fiscales *(Código Tributario de la República Dominicana).*

"DELIVERED AT PLACE": ver **Cláusula DAP.**

"DELIVERED AT QUAY": ver **DEQ.**

"DELIVERED AT TERMINAL": ver **Cláusula DAT.**

"DELIVERED DUTY PAID": mercadería que el vendedor se obliga a poner a disposición del comprador en el lugar por él señalado *libre de derechos.*◆ Ver **Cláusula DDP.**

"DELIVERED EX SHIP": ver **DES.**

"DELIVERED ORDER": conocimiento de embarque.◆ Orden de entrega.◆ Título a la orden emitido con el propósito de fraccionar el conocimiento y que da derecho a que el capitán entregue determinada cantidad de las mercaderías embarcadas en el buque.

DEPOSITARIO ADUANERO: auxiliar responsable entre el Servicio Aduanero, por la custodia y conservación temporal de las mercancías, bajo el control y supervisión de la Autoridad Aduanera.

DEPÓSITO ADUANERO: régimen de las mercaderías que se hallan en poder de la aduana sin haber sido despachadas; entraña principalmente el derecho de venderlas en su beneficio. ◆ Espacio que se utiliza como guarda de la mercadería que se encuentra a la espera de ser despechada a consumo por un período, generalmente corto.◆ Local o recinto habilitado en el cual permanecen las mercancías bajo el control de las autoridades aduaneras con suspensión del pago de los derechos y demás gravámenes correspondientes.

DEPÓSITO ADUANERO PRIVADO: ver **Depósitos particulares.**

DÉPOSITO DE TIENDAS LIBRES: depósito aduanero especialmente habilitado para la guarda, bajo control aduanero, de las mercaderías admitidas por este régimen (Legislación de Paraguay).

DEPÓSITO FISCAL: establecimientos o lugares habilitados por la institución aduanera para realizar el correspondiente almacenamiento de mercancías. ◆ Local o recinto privado que funciona bajo la supervisión y control de la Dirección General de Aduanas. En ésta, las mercancías extranjeras que previamente han sido presentadas a la Aduana, pueden permanecer por un período determinado sin pagar los derechos de importación (J. Cruz) (República Dominicana). ◆ Régimen aduanero en virtud del cual las mercaderías nacionales o extranjeras permanecen bajo control de la aduana, en el lugar designado o habilitado al efecto –depósito de la aduana– con suspensión del pago de los derechos e impuestos que pudieran corresponderle con ocasión de su posterior desaduanamiento (Asociación Latinoamericana Aduanera).

DEPÓSITO TEMPORAL DE MERCADERÍAS: almacenamiento por un período determinado de mercaderías bajo el control de la aduana en locales o en lugares cercados o no designados por ésta en espera de que se presente la declaración de mercaderías correspondiente. ◆ Lugar en el cual se depositan las mercaderías provenientes de operaciones aduaneras, en forma provisoria y en recintos cerrados ubicados en las zonas primarias de las aduanas o en espacios cercanos a las oficinas aduaneras.

DÉPOSITOS DE CONSOLIDACIÓN DE CARGAS: régimen de depósito aduanero en virtud del cual las mercancías recibidas y las destinadas a la exportación o a la reexportación, por vía de un Agente Consolidador de Carga, son almacenadas en recintos o locales bajo el control de las aduanas, con suspensión del pago de los derechos, tasas e impuestos correspondientes (J. Cruz) (República Dominicana).

DÉPOSITOS PARA LA REEXPOTACIÓN: recintos o locales privados que funcionan bajo la vigilancia y control de la Dirección General de Aduana y de la Autoridad Portuaria donde las mercancías extranjeras que previamente hayan sido presentadas a la aduana, pueden permanecer durante un período determinado, sin pagar los derechos arancelarios, para luego ser reexportadas J. Cruz) (República Dominicana).

DÉPOSITOS PARTICULARES: régimen que se utiliza en algunos países que permite disponer de locales de propiedad de las empresas, adecuadas para almacenar productos con absoluta seguridad, sin pagar los derechos aduaneras. Para ello se requiere una solicitud por escrito al Director General de Aduanas. Al autorizarse la destinación al régimen de depósito particular el consignatario debe presentar la Declaración de Aduanas de acuerdo con los distintos requerimientos legales. ◆ Depósito aduanero privado.

DEQ: delivered at quay. ◆ Sigla de regla incoterms que significa "Entregadas en Muelle" (puerto de destino convenido).

DERECHO AD VALOREM: ver **Ad valorem.**

DERECHO ADMINISTRATIVO: el régimen jurídico de la función administrativa y que trata sobre el circuito jurídico del obrar administrativo *(R. Dromi).*◆ El derecho que se ocupa de regular la actividad concreta del Estado y de las demás entidades públicas.◆ El que regula la organización de la Administración Pública y sus relaciones, derechos y obligaciones con los particulares y viceversa.

DERECHO ADUANERO: rama del Derecho público integrada por el conjunto de principios y normas que regulan el tráfico de mercancías, personas y medios de transporte por las fronteras aduaneras *(J. Gallardo Miraval).*◆ Rama del derecho que se ocupa de aplicar las reglas de la actividad aduanera y la de todos aquellos que directa o indirectamente estén vinculados con la misma. ◆ Conjunto de normas del Derecho público que se aplican a la circulación internacional de mercaderías con referencia a un territorio aduanero determinado *(C. J. Berr y H. Trémeau).* ◆ Rama del derecho público que se aplica a la importación y exportación de mercaderías *(P. Fernández Lalanne).* ◆ El conjunto de las normas legales y reglamentarias que determinan el régimen fiscal al que deben someterse los importadores, exportadores, agentes marítimos,

despachantes de aduanas y, en general, quienes realicen operaciones con mercaderías a través de las fronteras de la República, por las vías marítimas, aéreas, terrestres y postales *(M. di Lorenzo).* ◆ Es la parte esencial de la legislación de un país sobre el comercio exterior, este sistema monetario también se refiere a las relaciones entre importadores y exportadores, ya sean personas físicas o jurídicas, con las autoridades administrativas y financieras *(J. Amphoux).*

DERECHO AL RECURSO DE RECONSIDERACIÓN: derecho que le asiste a un sujeto pasivo de la obligación tributaria a los efectos de que se reconsidere total o parcialmente la cuantía de los impuestos determinados como resultado de una fiscalización.

DERECHO CONSTITUCIONAL ADUANERO: normas que pertenecen al Derecho constitucional pero que regulan la materia aduanera como son: la facultad privativa del organismo competente de establecer impuestos al comercio exterior. El establecimiento de las aduanas con su ubicación *(M. Carvajal Contreras).*

DERECHO CONSTITUCIONAL TRIBUTARIO: parte del Derecho constitucional que sólo se considera como tal por el objeto al cual se refiere.◆ Delimita el ejercicio del poder estatal y distribuye las facultades que de él emanan entre los diferentes niveles y organismos de la organización estatal *(D. Jarach)*.

DERECHO DE ADUANA: aquellos establecidos en el arancel aduanero y/o en la legislación nacional, a los cuales están sujetas las mercancías que entran o salen del territorio nacional (J. Cruz).

DERECHO DE EXPORTACIÓN: aquel que grava la exportación al consumo. Se realiza cuando se produce la salida del territorio aduanero por un período indeterminado.◆ Gravamen que se aplica a los productos que se exportan del país, cuyo órgano de aplicación y percepción es la aduana por delegación del Estado Nacional. Es una fuente de ingresos del Estado.

DERECHO DE EXPORTACIÓN "AD VALOREM": aquél cuyo importe se obtiene mediante la aplicación de un porcentual sobre el valor imponible de la mercadería o, en su caso, sobre precios oficiales.

DERECHO DE EXPORTACIÓN ESPECÍFICO: aquel cuyo importe se obtiene mediante la aplicación de una suma fija de dinero por cada unidad. Por ejemplo el pago de $ 15.00 por cada cuero vacuno salado.

DERECHO DE IMPORTACIÓN: gravamen que percibe el Estado aplicado sobre los bienes que se importan al país. Su órgano de aplicación es la aduana. La importación se produce cuando la mercadería se introduce al territorio aduanero por tiempo indeterminado.

DERECHO DE IMPORTACIÓN "ANTIDUMPING": impuesto que consiste en la aplicación de un porcentaje sobre el valor FOB, de las mercaderías importadas para consumo que revistan carácter comercial y que se introducen en el mercado del país importador, a un precio inferior a su valor normal, es decir, que su precio al exportarse de un país a otro sea menor que el precio comparable, en el curso de operaciones comerciales normales, al de un productor similar destinado al consumo en el país exportador *(M. Bibiloni)*.

DERECHO DE IMPORTACIÓN COMPENSATORIO: aquel que consiste en la aplicación de un porcentaje sobre el valor FOB de las mercaderías importadas para consumo que revistan carácter comercial y que se encuentren beneficiadas con un subsidio en el exterior *(M. Bibiloni)*.

DERECHO DE IMPORTACIÓN Y EXPORTACIÓN: los que gravan el paso de las mercaderías y productos a través de las fronteras políticas del Estado; la importación consiste en su ingreso en el país y la exportación, en cambio, es el egreso de aquéllas hacia el extranjero.◆ Ver **Derecho de exportación; Derecho de importación.**

DERECHO DE VISITA: facultad que tiene el servicio aduanero de abordar los buques con el fin de interrogar al capitán, de examinar los documentos del buque y de registrarlos. Es una institución de tiempo de guerra y que sólo pueden tener los buques de guerra beligerantes.

DERECHO ESPECÍFICO: unidad de valor fija y determinada sobre un producto o mercadería.

DERECHO FINANCIERO: rama del Derecho público que tiene por objeto el estudio el sistema de ingresos y gastos del Estado y de los demás entes públicos. Especialmente se ocupa de los instrumentos jurídicos de percepción de los ingresos y de los mecanismos de realización de los gastos *(A. C. Altamirano).*

DERECHO INTERNACIONAL TRIBUTARIO: rama del Derecho tributario que tiene por objeto el estudio de las normas de carácter internacional que corresponde aplicar en los casos en que diversas soberanías entran en contacto, ya sea para evitar problemas de doble imposición, ya para coordinar métodos que combatan la evasión y organizar, mediante la tributación, formas de operación entre los países *(Villegas).*

DERECHO MERCANTIL: aquella parte del derecho privado que tiene por objeto principal regular las relaciones jurídicas que dimanan del ejercicio del comercio. Se ocupa de las disposiciones administrativas, procesales, penales, etc, que por interés público rigen a la actualidad comercial sólo en cuanto sirven para regular los intereses privados *(C. Vivante).* ◆ **Derecho de importación.**

DERECHO MERCANTIL INTERNACIONAL: parte del derecho mercantil que regula las transacciones comerciales que se celebran entre diferentes países y entre partes residentes en dos o más de ellos a través de diposiciones, leyes, convenciones y sentencias o laudos dictados por tribunales nacionales e internacionales.

DERECHO PENAL ECONÓMICO: conjunto de normas jurídicas establecidas con el objeto de sancionar la transgresión del ordenamiento jurídico del Derecho económico.

DERECHO TRIBUTARIO: sector del Derecho público cuyo objeto de estudio son las normas que disponen los tributos en todas sus especies, las relaciones que se originan por ellos entre el Estado y los contribuyentes y obligados, particularmente las normas relativos a la aplicación y cumplimiento de los tributos, a la verificación y fiscalización del cumplimiento del obligado al pago del tributo y a las normas que regulan las relaciones jurídicas complementarias a la obligación tributaria *(A. C. Altamirano).*

DERECHO TRIBUTARIO FORMAL: reglas jurídicas pertinentes para determinar si corresponde que el Fisco perciba de determinado sujeto una suma en concepto de tributo y la forma en que la acreencia se transformará en un importe tributario líquido, que será el que ingresará al Tesoro Público. Contiene, asimismo, las normas que otorgarán al Estado poderes de verificación y fiscalización que complementan al derecho tributario material o sustantivo *(C. García Vizcaíno).*◆ Conjunto de normas que solucionan o resuelven los problemas de relación entre el Fisco y el contribuyente, particularmente en términos de presentación de declaraciones juradas, vencimientos, formas de pago, liquidación de intereses, etc.

DERECHO TRIBUTARIO INTERNACIONAL: conjunto de normas que rigen las relaciones y situaciones de carácter tributario internacional, a fin de evitar la doble imposición, implementar medidas para prevenir y reprimir ilícitos tributarios y coordinar los sistemas tributarios de los distintos países *(C. García Vizcaíno).*◆ Conjunto de normas establecidas en acuerdos internacionales mediante las cuales se fijan y delimitan la totalidad de los poderes tributarios de los estados contratantes. ◆ Tiene por objeto el estudio de las implicaciones tributarias derivadas de actos y hechos jurídicos que afectan a los contribuyentes cuando las actividades las desarrollan en dos o más países. Se ocupa de regular las fórmulas jurídicas de solución de aquellas situaciones en las que puede resultar de aplicación el ordenamiento tributario de dos o más Estados *(A. C. Altamirano).*◆ Ver **Derecho internacional tributario.**

DERECHO TRIBUTARIO MATERIAL: conjunto de normas que disciplinan el tributo y las relaciones jurídicas accesorias, es decir, que lógicamente se vinculan con el tributo; en tanto que el Derecho tributario formal es el conjunto de normas que disciplinan la actividad administrativa y las relaciones que teleológicamente se vinculan con el tributo *(D. Jarach).*◆ Ver **Derecho tributario sustantivo.**

DERECHO TRIBUTARIO PENAL: conjunto de normas que describen las contravenciones, violaciones o infracciones a las obligaciones, deberes y responsabilidades que tiene su origen en las disposiciones del derecho tributario sustantivo y del derecho tributario administrativo, y que estipulan o establecen las correspondientes sanciones *(J. Martín y G. Rodríguez Usé).*

DERECHO TRIBUTARIO PROCESAL: conjunto de disposiciones que regulan la actividad jurisdiccional del Estado para la aplicación del Derecho tributario (de fondo); su estudio abarca la organización, composición, competencia y funcionamiento interno de los órganos que ejercen tal actividad, así como el régimen jurídico y la actuación de los sujetos procesales *(C. Garcia Vizcaíno).*

DERECHO TRIBUTARIO SUSTANTIVO: aquel que se refiere propiamente a las normas sobre la obligación tributaria, su fuente, nacimiento, estructura, extinción, etcétera.◆ Rama del Derecho conformada por el conjunto de leyes que integran el sistema tributario.◆ Derecho tributario material. ◆ Derecho obligacional tributario.

DERECHOS ADUANEROS: tributos que gravan a las importaciones y exportaciones.◆ Derechos de aduana. ◆ Ver **Derecho de aduana.**

DERECHOS "ANTIDUMPING": cargos que se imponen a los productos importados cuando ingresan a un país a un precio inferior al que se vende en el país de origen. El objetivo es evitar la competencia desleal.

DERECHOS COMPENSATORIOS: cargos que se imponen a los productos importados que fueron subsidiados en su país de origen.

DERECHOS DE ADUANA: gravámenes impuestos por un país a los productos que ingresan o egresan de él.◆ Ver **Derecho de exportación**; **Derecho de importación, Derecho de aduana.**

DERECHOS DE VISITA: facultad que tiene el servicio aduanero con el fin de interrogar al capitán, de examinar los documentos del buque y de registrarlos. Es una institución de tiempo de guerra y que sólo puede tener los buques de guerra beligerantes.

DERECHOS E IMPUESTOS DE IMPORTACIÓN: derechos de aduana y cualesquiera otros derechos, impuestos y gravámenes o imposiciones diversas que se perciban en el momento de la importación de mercancías, con excepción de los gravámenes e imposiciones cuyo importe se limite al costo aproximado de los servicios prestados.

DES: delivered ex ship. ◆ Sigla de regla incoterms que significa "Entregadas sobre Buque" (en el puerto de destino convenido).

DESADUANAMIENTO: acto mediante el cual el servicio aduanero autoriza el retiro de la mercadería objeto del despacho. ◆ Formalidades de una aduana que permite la exportación de productos o mercaderías objeto de despacho aduanero. ◆ Ver **Libramiento de la mercadería.**

DESCARGA: operación por la cual la mercadería arribada es retirada del medio de transporte en el que hubiese sido conducida. Se debe efectuar, previa autorización y bajo control del servicio aduanero, en los lugares y durante los horarios habilitados para ello.

DESCARGUE: operación por la cual la mercancía que ingresa al territorio aduanero nacionales es retirada del medio de transporte en el que ha sido movilizado.

DESCRIPCIÓN ARANCELARIA: características de la mercancía de acuerdo con la nomenclatura arancelaria vigente.

DESESTIBA: acto mediante el cual se realiza la descarga de las bodegas de los buques o de los depósitos aduaneros.

DESGRAVACIÓN: método tributario para reducir la carga impositiva en determinado tipo de actividades. Es, en realidad, un verdadero subsidio a la actividad gravada. Se utiliza para alentar específicamente ciertas actividades o sectores. Eliminación de un gravamen que debe estar legislado previamente. Es decir, una mercancía está gravada pero luego se legisla su quita.

DESPACHANTE DE ADUANA: persona, física o visible, que realiza los trámites vinculados con la exportación e importación de bienes ante la autoridad de aduanas.◆ Auxiliar de comercio que actúa por sí o por intermedio de apoderado para realizar ante las aduanas de la República, por cuenta de terceros, tramitaciones y diligencias referidas y relativas a la importación, exportación y demás trámites y diligencias aduaneras. No es considerado comerciante ya que no realiza actos de comercio por cuenta propia.◆ Persona que, de acuerdo con la legislación vigente, efectúa, en nombre de otros, trámites, presentaciones, consultas y diligencias vinculadas a las distintas operaciones de comercio exterior. ◆ Agente auxiliar de comercio que, previo cumplimiento de los requisitos legales que impone la legislación vigente sobre la materia aduanera, actúa por sí o por medio de apoderados generales ante otras aduanas para realizar, por cuenta de terceros, trámites, diligencias relativas a la importación, exportación y demás gestiones aduaneras (R. Fernández y O. Gómez Leo). ◆ Quien realiza trámites y diligencia ante el Servicio Aduanero, en nombre de los importadores y/o exportadores en todas las gestiones requeridas en la Aduana para la tramitación de las operaciones de importación o exportación. Se consideran por lo tanto como auxiliares del Servicio Aduanero. Deben ser personas de existencia visible y estar inscriptos en el Registro de Despachantes de Aduana. ◆ Persona de existencia física o visible que realiza en nombre de otro ante el servicio aduanero trámites y diligencias relativas a la importación y exportación y demás operaciones aduaneras. Es un agente auxiliar del mercado y del servicio aduanero. Debe estar inscripto en el Registro de Despachantes, de acuerdo con lo establecido en cada régimen. ◆ Agente de aduana.

DESPACHO: cumplimento de las formas aduaneras exigidas para exportar y/o importar las mercaderías o someterlas a otros regímenes, operaciones o destinos aduaneros.

DESPACHO A CONSUMO: cumplimiento del importador de las obligaciones establecidas por la aduana con respecto a los derechos, impuestos y/o tasas correspondientes.

DESPACHO A PLAZA: trámite que se efectúa ante la aduana con el fin de liberar e introducir en la plaza los bienes importados.

DESPACHO ADUANERO DE LAS MERCADERÍAS: despacho de las mercaderías, es el conjunto de actos necesarios para someterlas a un régimen aduanero, que concluye en el levante de las mismas.

DESPACHO DIRECTO A PLAZA: procedimiento en virtud del cual la mercadería pude ser liberada a plaza sin ser sometida previamente al régimen de depósito provisorio de importación *(Administración Federal de Ingresos Públicos)*.

DESTINACIÓN: presentación escrita ante el servicio aduanero de una solicitud de exportación y/o importación y de determinada mercadería identificándola específicamente mediante su nomenclatura correspondiente, aportando en el momento o posteriormente la documentación requerida por la autoridad competente. ◆ Implica que la mercadería exportada puede permanecer con una finalidad fuera del territorio aduanero y queda sometida, desde el momento de su exportación, a la obligación de reimportarla para consumo con anterioridad al vencimiento del plazo mencionado *(Administración Federal de Ingresos Públicos)*. En estos supuestos, los bienes pueden permanecer, según cada caso, en el mismo estado en el que se los importara temporariamente o bien ser objeto de transformación, elaboración, mezcla, reparación, etc.

DESTINACIÓN DEFINITIVA DE IMPORTACIÓN PARA CONSUMO: aquella en virtud de la cual la mercadería importada puede permanecer por tiempo indeterminado dentro del territorio aduanero. ◆ Ver **Importación.**

DESTINACIÓN OFICIALIZADA: cuando el despachante ingresa y valida la destinación aduanera.

DESTINACIÓN PRESENTADA: cuando el despachante realiza la presentación ante la Aduana, asignándole el sistema de canal a la destinación.

DESTINACIÓN SUSPENSIVA DE DEPÓSITO DE ALMACENAMIENTO: aquella en virtud de la cual la mercadería importada puede quedar almacenada bajo control aduanero por un plazo determinado, para ser sometida a otra destinación autorizada. Dicha destinación debe efectuarse con los recaudos que correspondieren, de acuerdo con la destinación de que se tratase.

DESTINACIÓN SUSPENSIVA DE EXPORTACIÓN TEMPORARIA: aquella en virtud de la cual la mercadería exportada puede permanecer con una finalidad y por un plazo determinados fuera del territorio aduanero, quedando sometida desde el mismo momento de su exportación a la obligación de reimportarla para consumo con anterioridad al vencimiento del mencionado plazo.

DESTINACIÓN SUSPENSIVA DE IMPORTACIÓN TEMPORARIA: aquella en virtud de la cual la mercadería importada puede permanecer con una finalidad y por un plazo determinados dentro del territorio aduanero, quedando sometida desde el mismo momento de su libramiento a la obligación de reexportarla para consumo con anterioridad al vencimiento del mencionado plazo.

DESTINACIÓN SUSPENSIVA DE TRÁNSITO DE EXPORTACIÓN: se utiliza esta destinación cuando la mercadería se registra en una aduana y transita por el territorio aduanero hasta otra aduana por lo que saldrá definitivamente al exterior. Se documenta en el permiso de embarque en donde se cumplen todos los campos y además se confecciona la hoja de ruta. Se realizan los mismos controles que el cualquier destinación, observando especialmente que la aduana de registro y la aduana de salida estén declaradas correctamente. La mercadería transita desde la aduana en la que ha sida declarada hasta la aduana de salida amparada por la documentación. En la aduana de salida se realiza el libramiento de la mercadería, y se cancela la operación mediante el SIM. Cuando el documentante integra el campo "Aduana de Destino/Salida" del permiso de embarque con un código de Aduana distinto al de la Aduana de Registro, estará declarando una "Destinación Suspensiva de Tránsito de Exportación". ◆ Aquella que en virtud de la cual la mercadería de libre circulación en el territorio aduanero que fue sometida a una destinación de exportación en una aduana puede ser transportada hasta otra aduana del mismo territorio aduanero, con la finalidad de ser exportada desde esta última.

DESTINACIÓN SUSPENSIVA DE TRÁNSITO DE IMPORTACIÓN: aquella en virtud de la cual la mercadería importada que careciere de libre circulación en el territorio aduanero puede ser transportada dentro del mismo desde la aduana, por lo que hubiere arribado hasta otra aduana, para ser sometida a otra destinación aduanera.◆ Ver **Destinación Suspensiva de Importación Temporaria.**

DESTINATARIO: persona a quien debe entregarse la mercadería transportada y que tiene el derecho de exigir al porteador la entrega de los efectos por el solo hecho de figurar en la carta de porte *(F. Aguirre).* ◆ Consignatario.

DESTINO ADUANERO EN DEPÓSITO TEMPORAL: se consideran como destinos aduaneros en destino temporal a: 1) la aplicación de un régimen aduanero, 2) introducción de la mercadería a una Zona Franca o Área Aduanera Especial, 3) la reexportación, 4) destrucción de la mercadería, 5) el abandono, 6) el traslado a un Depósito Aduanero habilitado.

DETALLE DE CONTENIDO: mercaderías que se desean importar o exportar.

DETERIORO EN LOS TÉRMINOS DEL INTERCAMBIO: se aplica cuando los precios internacionales de las matarias primas que se exportan caen en relación con los precios de los productos con valor agregado o industrializados que se importan.

DETERMINACIÓN DE OFICIO: el acto de determinación es la reacción del ordenamiento jurídico tributario ante la detección de un defecto en el normal cumplimiento de la obligación tributaria *(A. C. Altamirano).*

DEUDA LASTRE: tipo de obligación en la que el Estado interviene y cuyo gasto no aumenta la capacidad productiva de una comunidad.

DEVOLUCIÓN DEL GRAVAMEN ARANCELARIO: ver **Draw back.**

DGA: Dirección General de Aduanas. ◆ En la Argentina, organismo componente de la AFIP (Administración Federal de Ingresos Públicos) que tiene a su cargo la aplicación de la legislación inherente al comercio exterior y al control del ingreso y la salida de bienes.◆ Ver **Dirección General de Aduanas.**

DIRECCIÓN GENERAL DE ADUANAS: DGA.◆ Es el órgano encargado de la aplicación de la legislación relativa a la importación y exportación de mercaderías, como así también el control del tráfico de mercaderías que ingresan o egresan del territorio aduanero. Entre sus funciones están la valoración, clasificación y verificación de las mercaderías para una correcta aplicación del régimen arancelario y de prohibiciones. Las aduanas son las oficinas responsables de la aplicación de la legislación relativa a la importación y exportación de mercadería, en especial la percepción y fiscalización de las rentas públicas producidas por los derechos y demás tributos con que las operaciones de importación y exportación se hallan gravadas y las de control del tráfico internacional de mercadería. ◆ Ver **Administración Federal de Ingresos Públicos.**

DOBLE JURISDICCIÓN DE LOS DELITOS ADUANEROS: los delitos aduaneros tiene un doble juzgamiento, ya que ciertas penas (como las privativas de libertad) deben ser aplicadas por el Juez en lo Penal Económico o el Juez Federal, -en el caso que el delito se hubiere cometido en una provincia-, y otras penas, son aplicadas por la Aduana. Sin embargo, se entiende que la facultad de la Aduana para la aplicación de las penas del delito de contrabando es siempre "accesoria" de la existencia del delito establecido en sede judicial. Por ello la Aduana no tiene facultades para el juzgamiento de la materialidad del ilícito y la individualización de sus responsables, por tratarse del mismo hecho típico que sólo puede

ser calificado por el órgano judicial competente.

DOCUMENTACIÓN DE VIAJE: manifiesto de carga con sus adiciones, modificaciones, o explicaciones, las guías aéreas, los conocimientos de embarque o cartas de porte, según corresponda, y el documento consolidador de carga y sus documentos fijos, cuando a ello haya lugar.

DOCUMENTACIÓN QUE ACOMPAÑA A LA MERCADERÍA: para darle destino a una mercadería, el exportador o su despachante deben realizar una solicitud de destinación por escrito que habitualmente se denomina permiso de embarque. Este documento indica, entre otros datos, la posición arancelaria de la mercadería así como su naturaleza, especie, estado, peso, calidad, precio, lugar de destino y todo aquel elemento necesario que permita una correcta clasificación arancelaria y valoración de la mercadería. El declarante (despachante o exportador) ingresa los datos de la mercadería utilizando el Sistema Informático desde su oficina o en las cabinas públicas. Una vez que la información ha sido ingresada, la misma se valida e imprime y queda el registro generado en el Sistema para su posterior validación por el servicio Aduanero bajo un número de destinación.

DOCUMENTO CONSOLIDADOR DE CARGA: documento que contiene la relación de todos los transportes hijos de las cargas, agrupadas y a bordo de los mismos, y que serán cargados y descargados en un puerto a nombre de un agente de carga internacional.

DOCUMENTO DE TRANSPORTE: expresión genérica que se refiere al documento marítimo, aéreo, terrestre o ferroviario que el transportadore respectivo o el agente de carga internacional entrega como certificación del contrato de transporte y de recibo al consignatario en el lugar de destino y puede ser objeto de endoso.

DOCUMENTO DE TRANSPORTE DIRECTO: documento que expide un transportador en desarrollo de su actividad; es prueba de la existencia del contrato de transporte y acredita la recepción de la mercancía objeto de tal contrato por parte del transportador.◆ Documento de transporte fijo.

DOCUMENTO DE TRANSPORTE FIJO: ver **Documento de transporte directo**.

DOCUMENTO DE TRANPORTE LIMPIO: documento que no contiene cláusulas o anotaciones que hagan constar expresamente el estado deficiente de las mercaderías y/o del embalaje.

DOCUMENTO ELECTRÓNICO: conjunto de datos archivados y generados mediante medios electrónicos.

DOCUMENTO INDICADOR DE ALTO RIESGO DE LA OMA: indicadores que determinan grupos normalizados de criterios de selección para que las Administraciones detecten infracciones de Aduanas de manera general. Los encabezamientos del documento son: detalles de las declaraciones de transportistas; identificación de país de alto riesgo; factores de las mercancías y del transporte que pueden indicar condiciones de alto riesgo; mercancías conocidas de alto riesgo utilizadas para la ocultación; lista de mercancías peligrosas que pueden utilizarse potencialmente en un ataque terrorista; y factores indicativos de alto riesgo, por ejemplo el contenedor, el importador/exportador y el expedidor. Estos grupos de indicadores también se actualizan periódicamente.

DOCUMENTO ÚNICO ADUANERO: modelo de datos comunes para integrar las declaraciones de las destinaciones y operaciones aduaneras.

DOCUMENTOS DE EMBARQUE: aquellos que generan una operación de compraventa entre personas que residen en países distintos. Es decir, la operación significa una exportación para el vendedor y una importación para el comprador.

DOCUMENTOS DE VIAJE: manifiesto de carga, con sus requisitos, modificaciones o explicaciones, las guías aéreas, los conocimientos de embarque o cartas de porte, según corresponda, y el documento consolidador de carga y sus documentos fijos, cuando a ello haya lugar.

DOLO: engaño, fraude, simulación. ◆ Voluntad deliberada de cometer delitos a sabiendas de su carácter delictivo. ◆ Voluntad maliciosa de engañar a otro o de incumplir la obligación contraida.

DOMICILIO FISCAL: aquel registrado por el contribuyente en sus declaraciones juradas o notas presentadas ante los organismos recaudadores pertinentes; domicilio denunciado ante el organismo competente.

"DRAW BACK": reintegro total o parcial de los gravámenes de importación abonados sobre bienes destinados a la exportación al momento de la misma. Son aquellos que gravaron a estas mercaderías, sea a los productos contenidos en las mercaderías exportadas o a los consumidos durante su producción.◆ Restitución del derecho de importación y de la tasa de estadística incluidos en los insumos, materias primas, partes, piezas, envases, embala-jes, componentes,etc. ,importados directamente por el usuario e incorporados en las mercaderías exportadas a consumo dentro del año de su importación (A. Fratalocchi) ◆ Es el régimen en virtud del cual se restituyen ,total o parcialmente, los importen que se hubieran pagado en concepto de tributos que gravaron la importación para consumo, siempre que la mercadería fuera exportada para consumo: a) luego de haber sido sometida a un proceso de transformación, elaboración, combinación o mezcla y b) utilizándose para envasar otra mercadería que se exporte.

"DUMPING": práctica comercial, generalmente de aplicación en el comercio internacional, que consiste en vender mercaderías a precios por debajo de un nivel determinado en áreas específicas, percibiendo la diferencia entre el precio recibido y el precio de mercado mediante un subsidio, como consecuencia de un tratamiento preferencial, por lo general, en virtud de una protección gubernamental. Por lo común, las ventas en las áreas protegidas remuneran los gastos indirectos de producción y los fijos, y las ventas en las otras áreas son realizadas a *dumping* de modo de recuperar los costos directos. ◆ Cuando un producto se introduce en el mercado de otro país a un precio inferior a su valor normal, cuando su precio de exportación al exportarse de su país a otro, sea menor que el precio

comparable, en el curso de las operaciones normales, de un producto
similar, destinado al consumo en el
país exportador. (A. Fratalocchi).

E

ECHAZÓN: consiste en echar al mar cargas y otros efectos que hicieren peso en el buque con el fin de aligerarlo para que no perezca por la tempestad. ◆ Pérdida o deterioro de la mercadería.

ECHAZÓN, PÉRDIDA O DETERIORO DE LA MERCADERÍA: comprende aquellos hechos acaecidos durante el transporte y se refiere al período que media desde el embarque hasta la descarga de la mercadería.

EFECTOS DE USO O CONSUMO PERSONAL: los artículos de vestir y aseo y los demás bienes que tengan manifiestamente carácter de uso personal (Legislación Aduanera de Paraguay)

EMBALAJE: envoltura o protección de las mercancías, también para individualizar o separar las ubicaciones y el transporte de las mismas.

EMBARGO: incautación material de bienes del deudor en vía preventiva a los efectos de asegurar de antemano el resultado de la ejecución. No es un acto de disposición de parte del Estado; es un acto preventivo que no se refiere tanto al domino como a la facultad de disposición, que es cosa distinta del dominio *(G. Chiovenda).*◆ Orden emanada de un juez o de una autoridad competente por medio de la cual se procede a la retención, traba o secuestro de bienes con el fin de garantizar el cumplimiento de una obligación por parte del embargado. El embargo puede comprender el secuestro del bien y su posterior venta con el fin de cubrir la obligación o bien puede significar una acción de tipo preventivo para garantizar el cumplimiento de la obligación.

EMBARQUE: acción de depositar mercancías en algún medio de transporte para su envío.

EMPRESA DE REMESA EXPRESA: persona jurídica, legalmente establecida en el país, cuyo giro o actividad principal, sea la prestación de servicio de transporte internacional expreso, por vía área o terrestre, de correspondencia, documentos y mercaderías (Legislación Aduanera de Paraguay).

EN TRÁNSITO: ver **A flote.**

ENCLAVE: ámbito cuya soberanía corresponde a otro Estado en el cual se permite la aplicación de la legislación aduanera nacional.

ENCOMIENDA POSTAL: paquete postal.

ENCOMIENDAS: paquete que contiene cosas muebles cuyo peso unitario no supere los 20 kg excepto las excepciones acordadas con la Unión Postal Internacional.

ENCUBRIMIENTO ADUANERO: delito aduanero mediante el cual se facilita el contrabando.

ENDOSO ADUANERO: el que realiza el último consignatario del documento de transporte a nombre de un intermediario aduanero para efectuar trámites ante la autoridad aduanera.

ENSAMBLAJE: unión o empalme de dos o más piezas (SUNAT).

ENVASE: todo lo que envuelve o contiene artículos de comercio u otros efectos para conservarlos o transportarlos.

ENVÍO DE MERCADERÍA CON FINES HUMANITARIOS: se consideran como tales a los productos alimenticios, medicamentos, el material quirúrgico y de laboratorio, vehículos y otros medios de transporte, mantas, tiendas, casas prefabricadas y otras mercaderías de primera necesidad (Legislación Aduanera de Paraguay).

ENVÍO POSTAL: el envío postal puede ser correspondencia o encomienda. ◆ Envío efectuado con intervención de los administradores de correo del país remitente y del país receptor, conforme a lo previsto en las convenciones internacionales, ratificados por la nación y a lo que dispusiera la reglamentación.

ENVÍO POSTAL CORRESPON-DENCIA: envío de cartas, tarjetas postales, impresos y pequeños paquetes con las excepciones que a estos términos le atribuye la Unión Postal Internacional.

ENVÍO POSTAL ENCOMIENDA: se considera paquete que contiene cosas muebles cuyo peso unitario no supere los veinte kilogramos, salvo las excepciones a dicho límite acordadas con la Unión Postal Internacional.

ENVÍO URGENTE: mercancías que deben desaduanarse rápidamente y con prioridad, sea en razón de socorro, de su naturaleza o por que responde a una necesidad específica. ◆ Toda aquella mercancía que requiere un despacho expreso a través de Empresas de Mensajerías Especializadas, con sujeción a las regulaciones previstas en la norma legal.

ENVÍO DE PRUEBA: envíos de máquinas, aparatos u otro tipo de mercadería por parte del expedidor, para una voluntad de venta, y por parte del destinatario, una posibilidad de compra, una vez examinada.

ENVÍOS DE SOCORRO: las mercaderías remitidas para cargador a las víctimas de catástrofes naturales o de siniestros.

ENVÍOS EN CONSIGNACIÓN: envío de mercaderías al exterior, que no es en firme, sino se remiten con la posibilidad de efectuar la devolución de los productos no vendidos y la remisión de la nota de venta y líquido producto; es decir, se considerarán definitivamente exportadas cuando se concreta su venta.

EQUIPAJE: conjunto de efectos de uso o consumo personal y de obsequios que trasladan los pasajeros y tripulantes al arribar o salir del país que, por su naturaleza, cantidades y valores no demuestre finalidad comercial. ◆ Efectos

nuevos o usados que un viajero, en consideración a las circunstancias de su viaje pueda destinar para su uso o consumo personal o bien ser obsequiados, siempre que por su cantidad, naturaleza o variedad, no permita presumir que se importan o exportan con fines comerciales o industriales (Legislación Aduanera de Paraguay).

EQUIPAJE ACOMPAÑADO: aquel que viene juntamente con su titular y en cualquier medio de transporte que arribare. ◆ El que lleva consigo el viaje y es transportado en el mismo medio en que viaja, excluido aquel que arribe en condición de carga (Legislación Aduanera de Paraguay).

EQUIPAJE NO ACOMPAÑADO: equipaje que se traslada por cualquier medio de transporte, pero distinto de aquel en que arribare su titular. Debe ser declarado entre la documentación a presentar por el medio de transporte, cualquiera fuere, a su arribo.el que llega al territorio aduanero o sale de él antes o después que el viajero, o que arriba junto con él pero en condición de carga. (Legislación Aduanera de Paraguay).

ESLINGA: maroma provista de ganchos para levantar productos pesados.

ESPACIO ECONÓMICO EUROPEO: EEE. ◆ Zona de libre comercio formada por la Unión Europea, Islandia, Noruega y Liechtenstein.

ESTABLECIMIENTO PERMANEN-TE: establecimiento que reúne tres características: 1) su dependencia e interconexión con el concepto de residencia fiscal; la virtualidad de este establecimiento aparece subordinado a la predeterminación de lo que debe entenderse como empresa residente en otro Estado contratante; 2) la existencia de un lugar de negocios de carácter fijo o permanente que se encuentre relacionado con el tercer documento, por la realización de las actividades de carácter profesional; y 3) la realización de una actividad empresarial en uno de los estados contratantes *(F. A. García Prats).*◆ Lugar fijo de negocios, mediante el cual una empresa realiza toda o parte de su actividad.

ESTIBA: colocación adecuada de la carga en las bodegas de un buque. ◆ Almacenamiento de bultos susceptibles de colocarse unos sobre otros como fardos o cajones.

EVASIÓN FISCAL: todo acto que tenga por objeto interrumpir el tempestivo y normado fluir de fondos al Estado en su carácter de administrador de tal modo, que la conducta del sujeto obligado implica la asignación *per se* de un subsidio, mediante la disposición para otros fines de fondos que, por imperio de la ley, deben apartarse de su patrimonio y que sólo posee en tenencia temporaria o como depositario transitorio al solo efecto, de ser efectivamente ingresados o llevados a aquél *(C. Tacchi).* La evasión impositiva es la porción de los tributos que, debiendo ingresar en las arcas fiscales y por diversos motivos, no se produce. En tanto, la economía informal es la parte del PBI no registrado en las cuentas nacionales.◆ Delito tributario que significa eludir el pago de tributos por cualquier ardid o engaño, que resulta agravado en razón del monto de los tributos.◆ Evasión impositiva.

EVASIÓN TRIBUTARIA: evasión fiscal. ◆ Evasión impositiva.

EX QUAY: seguido del nombre del puerto, significa mercancía a disposición del comprador sobre muelle en el puerto señalado.

EX SHIP: significa que el precio se entiende mercancía a disposición del comprador a bordo del barco en el puerto de descarga lista para entrega. Gastos de descarga y por cuenta del comprador.

EX WORKS, EX MILL, EX FAC-TORY: salida de fábrica. ◆ Significa que el precio se incluye mercancía embalada y dispuesta para tomarla en un lugar indicado, a partir de cuyo lugar todos los gastos son por cuenta del comprador. El vendedor no es responsable de cargar la mercadería ni despacharla de la aduana para la exportación. El comprador asume la responsabilidad de hacerse cargo de la mercadería cuando es puesta a su disposición y de los gastos y riesgos de llevarla al lugar de destino.

EXAMEN DE LA DECLARACIÓN DE MERCADERIA: operaciones realizadas por la aduana con la finalidad de verificar que la declaración de las mercaderías haya sido correcta ◆ Operaciones efectuadas por la Aduana para comprobar si las mercaderías han sido declaradas correctamente, si se han reunido los documentos justificativos surgidos y si estos responden a las condiciones de autenticidad y validez prescritas.

EXAMEN FÍSICO Y DOCUMENTAL: acto que permite a la Autoridad Aduanera verificar física y documentalmente el cumplimiento de los elementos determinantes de la obligación tributaria aduanera, tales como la naturaleza, origen, procedencia, peso, clasificación arancelaria, estado, cantidad, valor y demás características o condiciones que las identifiquen e individualicen. Puede realizarse en forma total o parcial de acuerdo con las directrices o criterios generales que emita el Servicio Aduanero.

EXCLAVE: ámbito sometido a la soberanía de un país, pero mediante un convenio internacional se aplica la legislación aduanera de otro Estado. ◆ Parte del territorio nacional en cuyo ámbito se permite la aplicación de la legislación aduanera de terceros países en virtud a un convenio internacional (Legislación Aduanera de Paraguay).

EXENCIÓN: consiste en exonerar o relevar del gravamen lo que debe estar gravado de acuerdo con el objeto del impuesto.

EXIMBANK: Banco de Exportación e Importación.◆ Institución financiera, ubicada en Washington y creada en 1934. Es una agencia independiente del gobierno de los EEUU que tiene como objeto facilitar el financiamiento de las exportaciones desde ese país. Otorga préstamos y garantías a extranjeros. Su misión fundamental es otorgar créditos y garantías con el objeto de fortalecer el comercio exterior estadounidense. Uno de los aspectos más relevantes es la financiación de exportaciones de equipos. Es un verdadero banco de exportación e importación.

EXONERACIÓN DE DERECHOS E IMPUESTOS: liberación del pago de derechos y/o impuestos.

EXPORTACIÓN: bien o servicio vendido al exterior de un país.◆ Salida de cualquier mercadería de un territorio aduanero. ◆ Atravesar la frontera, es decir, trasladar la mercadería de un país a otro.◆

Venta de bienes de un país a otro u otros países. Como contrapartida se da el ingreso de divisas.◆ Venta de productos o prestación de servicios nacionales al extranjero. ◆ Operación que supone la salida legal de mercancías nacionales para su su uso o consumo en el exterior (J. Cruz) ◆ Extracción de cualquier tipo de mercancía de un territorio aduanero. Para efectuar este tipo de extracción es necesario estar inscripto en el registro de importadores y exportadores del organismo competente. ◆ Bien o servicio vendido al exterior de un país.

EXPORTACIÓN DE CAPITAL: adquisición de activos extranjeros.

EXPORTACIÓN EN CONSIGNACIÓN: venta de bienes al exterior cuyo cobro se produce en función de la efectiva realización de los bienes remitidos. Dentro de esta categoría pueden existir distintas variantes.

EXPORTACIÓN FICTICIA: acto mediante el cual, con el fin de obtener un provecho o utilidad se trata fingir una exportación.

EXPORTACIÓN TEMPORARIA: aquella en virtud de la cual la mercadería exportada puede permanecer con una finalidad y por un plazo determinado fuera del país, quedando sometida desde el mismo momento de su exportación a la obligación de reimportarla para consumo con anterioridad al vencimiento de dicho plazo.

EXPORTACIÓN TEMPORARIA PARA PERFECCIONAMIENTO PASIVO: comprenden las operaciones de transformación de la mercaderías; la elaboración de mercadería, incluso su montaje, ensamblaje, y adaptación de otras mercaderías, la reparación de la mercadería; la utilización de la mercadería exportada para la transformación o elaboración de otra destinada a ser importada.

EXPORTACIONES INVISIBLES: ingresos en divisas extranjeras provenientes por el cobro de fletes, los intereses por préstamos, los seguros cobrados, los ingresos por turismo, las utilidades recibidas en el país y las remesas enviadas por emigrantes.

EXPORTACIONES NETAS: exportaciones menos importaciones. ◆ Excedente que se produce en el comercio exterior cuando las exportaciones superan las importaciones.

EXPORTACIONES VISIBLES: ingresos de divisas por venta de bienes a otros países.

EXPORTADOR: aquella persona que en su nombre exporta mercadería, es decir, que produce una salida del territorio aduanero.

Esta operación puede ser efectuada directamente por él o por un tercero.◆ Persona física o jurídica debidamente habilitada y autorizada para efectuar envíos legales de productos nacionales o nacionalizados al exterior con la finalidad de que sean objeto de uso y consumo en el extranjero.◆ Personas que envían géneros o productos del propio país a otro. También se incluyen las personas que sean prestatarias y/o cesionarias de los servicios y/o derechos allí involucrados.

EXTINCIÓN DE UNA OBLIGACIÓN ADUANERA: la extinción de la misma se produce por a) el pago de lo adeudado; b) condonación; c) compensación; d) transacción en juicio; y e) prescripción.

EXW: ex works. ◆ Sigla de regla incoterms que significa "En Fábrica" (...lugar convenido).◆ Ver **Ex works, Ex mill, Ex factory.**

F

FAB: Franco a Bordo.◆ Mercadería puesta a bordo.◆ Libre a bordo.◆ *Free on board.*◆ FOB.◆ Ver **Libre a bordo.**

FACTURA: documento comercial o comprobante que permite individualizar correctamente una operación de venta de un bien o la prestación de un servicio, de uso habitual en las actividades del sujeto emisor del mismo y fuente de registración, sea por una compra o por una venta. Su impresión debe ser efectuada por imprenta, no en el momento de su utilización, en original y, normalmente, dos copias como mínimo.◆ Documento comercial mediante el cual el vendedor detalla los efectos vendidos y sus condiciones de pago y cuya entrega es fijada como una obligación por el organismo recaudador; debe contener los datos exigidos por el mismo.

FACTURA CONSULAR: factura de exportación de mercaderías en la cual consta la intervención del consulado del país importador con el fin de obtener informes sobre la operación.

FACTURA DE CONSIGNACIÓN: la que el comitente remite al consignatario y en la cual se detallan los bienes, las condiciones y su respectiva comisión.

FACTURA DE DESPACHO: aquella que el despachante de aduana emite al importador o al exportador y en la cual se detallan los servicios prestados y otros cargos pertinentes.

FALTA TRIBUTARIA: infracción que para configurarse no necesita la existencia de la intención expresa del infractor, mediante elementos subjetivos como culpa o dolo (engaño, que cause del perjuicio fiscal, salvo cuando se establezca de manera expresa).

FAO: Food and Agriculture Organization. ◆ Organización de las Naciones Unidas para la Alimentación y la Agricultura. ◆ Es un organismo especializado de la ONU. Organización de países que tiene 191 miembros además de la Unión Europea. Esta organización intergubernamental no otorga donaciones ni préstamos, todas sus actividades dependen de los recursos que aportan sus miembros y otras organizaciones internacionales. Su objetivo fundamental es llegar a un mundo sin hambre.

FAS: abreviatura de la expresión en inglés *Free Alongside Ship*. ◆ Sigla de regla incoterms que significa "Franco al costado del buque" (… puerto de carga convenido). ◆ Ver **Cláusula FAS.**

FCA: free carrier. ◆ Sigla de regla incoterms que significa "Franco Transportista" (… lugar convenido).◆ Ver **Cláusula FCA.**

FECHA DE PAGO: fecha en la cual los titulares de la obligación tributaria efectúan el pago de acuerdo con los distintos canales habilitados.

FIDEICOMISO: mediante el fideicomiso una persona física o jurídica, llamada fiduciante o fideicomitente, entrega a una administradora fiduciaria la propiedad de uno o más bienes concretos con el objeto de que dicha fiduciaria cumpla una determinada finalidad en provecho del mismo fiduciante o de quien éste determine; este último se llama beneficiario o fideicomisario (si es quien recibe la propiedad de los bienes al finalizar el plazo del fideicomiso). El fideicomiso es un mecanismo esencialmente elástico, flexible, pues permite realizar todas las finalidades lícitas que las necesidades o la imaginación de los clientes determinen.◆ En el Derecho comercial, la sociedad que decida emitir debentures debe celebrar con un banco un fideicomiso por el que éste tome a su cargo: 1) la gestión de sus suscripciones; 2) el contralor de las integraciones y su depósito, cuando corresponda; 3) la representación necesaria de los futuros debenturistas; 4) la defensa conjunta de sus derechos e intereses durante la vigencia del empréstito hasta su cancelación total, de acuerdo con las disposiciones de esta sección.◆ Disposición por la cual el testador deja su hacienda o parte de ella encomendada a la buena fe de uno para que en tiempo y en forma la transmita a otro sujeto o la invierta del modo que se le indica. Cuando una persona (fiduciante) transmite la propiedad fiduciaria de bienes determinados a otra (fiduciario), quien se obliga a ejercerla en beneficio de quien se designa en el contrato (beneficiario) y a transmitirlo al cumplimiento de un plazo o condición al fiduciante, fiduciario y beneficiario. ◆ Fiducia.

FIRMA AUTÓGRAFA: aquella escrita de mano de su propio autor.

FIRMA ELECTRÓNICA CERTIFICADA: se considera como tal cuando es emitida al amparo de un certificado digital vigente expedido por un certificador registrado ante el Servicio Aduanero u organismo administrador y supervisor del sistema de certificación del Estado parte (CAUCE).

FISCALIZACIÓN: acción y efecto de verificar y controlar las mercaderías importadas o exportadas.

FISCO: el Estado como liquidador y recaudador de impuesto.◆ Erario.◆ Tesoro público.◆ Patrimonio estatal.◆ Hacienda nacional.◆ El Estado cuando desenvuelve su personalidad en el campo del Derecho privado (*M. S. Marienhoff*).◆ El patrimonio del Estado Nacional, provincial o municipal.◆ En la Argentina, Administración Federal de Ingresos Públicos (AFIP).

FMI: ver **Fondo Monetario Internacional**.

FOB: abreviatura de "free on board". ◆ Significa que el precio de la mercadería se entiende puesta a bordo del barco, con gastos y riesgos, a cargo del vendedor, hasta que la mercadería traspase la borda del barco, flete excluido, hay que indicar el puerto de embarque. Cuando definimos el valor de FOB, lo hacemos siempre con referencia a un punto geográfico, por ejemplo, FOB Buenos Aires. El valor incluye la totalidad de los gastos ocasionados hasta: a) el puerto en el cual se cargare en el buque, con destino al exterior, para la mercadería que se exportare por vía acuática; b) el aeropuerto en el que se cargare, con destino al exterior, para la mercadería que se exportare por vía aérea; c) el lugar en el que se cargare en automotor o ferrocarril, con destino al exterior, para mercadería que exportare por vía terrestre. ◆ Ver **Cláusula FOB.**

FONDO MONETARIO INTERNACIONAL: FMI.◆ International Monetary Fund.◆ Organismo internacional creado en 1945 para los siguientes fines: 1) promover una cooperación monetaria internacional que proporcione un mecanismo de consulta y colaboración de problemas monetarios internacionales, 2) facilitar la expansión y el crecimiento equilibrado del comercio internacional y contribuir de esta manera a que se alcancen y mantengan altos niveles de ocupación y de ingresos reales, así como el desarrollo de todas las fuentes productivas de los miembros, como fin principal de la política económica, 3) promover la estabilidad cambiaria, mantener entre los Estados miembros regímenes cambiarios ordenados y evitar depreciaciones competidoras de cambios, 4) ayudar al establecimiento de un sistema de pagos multilaterales en las transacciones corrientes que realicen los países miembros y la eliminación de las restricciones cambiarias que estorben al crecimiento del comercio mundial, 5) infundir confianza en los países asociados, poniendo a su disposición los recursos generales del Fondo bajo las garantías adecuadas, dando la oportunidad de que corrijan los desequilibrios de sus balanzas de pago sin necesidad de recurrir a medidas que perjudiquen la prosperidad nacional o internacional, y 6) teniendo en cuenta lo anterior, reducir la duración e intensidad del desequilibrio de las balanzas de pagos de los países miembros.

FOR ó FOT: igual que FOB pero puesto sobre vagón o camión indicando el punto de partida.◆ "Free on rail", "free on truck". ◆ Franco vagón o camión indicando punto de partida.

FORMA DE PAGO: medio por el cual se realiza la cancelación de una obligación tributaria.

FORMALIZACIÓN DE ENTRADA: todo proceso de arribo del medio de transporte y presentación de documentación. El mismo está a cargo de un oficial de bahía (vía marítima).

"FRANCHISING": franquicia.

FRANCO: exento de gastos y gravámenes. ◆ Libre.◆ Cosas o productos libres de impuestos y contribuciones, y los lugares, puestos, etcétera, en que se goza de esta exención.◆ Unidad monetaria de distintos países.◆ Libre de obligación o trabajo.

FRANCO A BORDO: significa que el vendedor entrega cuando las mercaderías se colocan en la borda del buque en el puerto de embarque convenido. Esto quiere decir que el comprador debe soportar todos los costos y riesgos de la pérdida y el daño de las mercaderías desde aquel punto. El término FOB exige al vendedor despachar las mercancías para la exportación.◆ Free On Board. ◆ FAB. ◆ FOB. ◆ Ver **Libre a bordo (LAB).**

FRANCO FÁBRICA: cláusula mediante la cual el comprador se hace cargo de los gastos de transporte y seguro de las mercaderías. ◆ Ver **Cláusula Franco Fábrica.**

FRANQUICIA: exención, total o parcial, que se concede a una persona para no pagar derechos por las mercaderías que introduce o extrae, o por el aprovechamiento de algún servicio público.◆ Exención que se concede para no pagar derechos de aduana.◆ "Franchising".

FRANQUICIA ARANCELARIA: limitación o exención de aranceles aduaneros.

FRANQUICIA DIPLOMÁTICA: régimen exclusivo para los representantes de las delegaciones diplomáticas.

FRAUDE ADUANERO: acto de simulación con la intención de engañar o perjudicar a las autoridades aduaneras. Se incurre en fraude cuando intencionalmente se actúa de modo que con el objeto de eludir una obligación o de obtener una ganancia.

FREE ALONGSIDE SHIP: ver **Cláusula FAS; FAS.**

FREE CARRIER: franco transportista indicando punto designado.◆ Ver **Cláusula FCA.**

"FREE ON BOARD": FOB.◆ Franco a bordo (FAB).◆ Ver **Libre a bordo (LAB).**

"FREE ON RAILWAY": FOR.◆ Cláusula que significa que el exportador se hace cargo de todos los gastos hasta poner la mercadería de exportación sobre el tren, lo cual implica que el importador deberá pagar el gasto de flete, del seguro, los de descarga y los gravámenes de aduana.

"FREE ON TRUCK": cláusula que significa que el exportador se hace cargo de todos los gastos hasta poner la mercadería de exportación sobre el camión; el importador deberá pagar el flete, el seguro, los gastos de descarga y los gravámenes de aduana.

"FREE RIDER": sujeto que se beneficia de una acción sin incurrir en los costos necesarios para que tal acción se lleve a cabo.

"FREE SHOP": comercio donde se compra sin pagar impuestos, como los que operan en los puertos y aeropuertos internacionales, y donde se venden productos a menor precio.◆ Forma abreviada de la expresión *duty free shop*.

FRONTERA ADUANERA: paso entre territorios aduaneros distintos.

G

GARANTÍA: segurdad adicional que el propio deudor otorga al acreedor a los efectos del cumplimiento total al vencimiento de una obligación.

GARANTÍA REAL: dinero u otros valores depositados provisoriamente que responden por el pago de los gravámenes y otras sumas exigibles, de conformidad con los compromisos contraídos ante la aduana.

GARITA: extensión territorial de la aduana donde ejercen su potestad aduanera, concerniente a la revisión de pasajeros y de mercaderías que ingresan y egresan del territorio nacional. Se encuentran cerca de los límites de la región fronteriza.

GASTOS ADUANEROS: aquellos gastos ocasionados por las importaciones o exportaciones de productos. En el caso de las importaciones, los gastos se cargan al costo de los productos y en el caso de las exportaciones, se consideran gastos de comercialización.

GASTOS DE EXPORTACIÓN: todas las erogaciones en concepto de operaciones de exportación. Por ejemplo: comisiones bancarias, honorarios de despachante de aduanas, tarifas de puertos, seguros, fletes.◆ Ver **Gastos aduaneros.**

GASTOS DE IMPORTACIÓN: aquellas erogaciones en las que se incurre como consecuencia de la importación de productos.◆ Ver **Gastos aduaneros.**

GATT: abreviatura de la frase inglesa *General Agreement on Tariffs an Trade*, que significa Acuerdo General sobre *Aranceles y Comercio.* Surgió en 1947 por decisión de veintitrés naciones reunidas en Bretton Woods (New Hampshire). Su finalidad fue solucionar los graves problemas y la depresión creada en el comercio mundial por el proteccionismo que había empezado a imperar en la década del treinta, por medio de la liberación del comercio internacional y la creación de un mecanismo de flexibilización de las barreras aduaneras. En síntesis, es un acuerdo comercial entre ciento treinta países, que representan en conjunto más del 90 % del comercio mundial. Es un acuerdo comercial, no es un organismo. El objeto del contrato es eliminar barreras comerciales y proporcionar un ambiente seguro al comercio mundial. Desde su creación ha tenido las rondas o reuniones, que se detallan a continuación: 1) 1947 Ronda Ginebra: en esta reunión, se llegaron a concretar 45.000 acuerdos; se redujeron aranceles en productos manufacturados y agrícolas. 2) 1948 Ronda Annely: quedaron sentadas las bases para la inclusión de nuevos países. 3) 1951 Ronda Torquay – Inglaterra: se firmaron los pactos tratados en rondas anteriores, se admitieron nuevos miembros y los miembros originales acordaron trece mil reducciones arancelarias más. 4) 1956 Ronda Ginebra: en esta reunión, se discutió fundamentalmente la admisión de Japón, que fue objetada por varios países que temían el efecto que los bajos salarios japoneses podían ocasionar. Por esta razón, y sobre la base del artículo XXXV del Tratado, varios países fueron autorizados a no hacer concesiones a Japón, situación que se mantuvo hasta 1960. 5) 1960/62 Ronda Dillon: esta reunión tuvo como resultado un 10 % de reducción en los aranceles de las exportaciones norteamericanas y una reducción general de aranceles equivalente a 40 mil millones de dólares. 6) 1963 - 1967 Ronda Kennedy: esta reunión, considerada como una de las más efectivas, concretó reducciones arancelarias para productos no agrícolas de alrededor del 35 %. Asimismo, se acordó una reducción del 20 % para productos de la agricultura. 7) 1973-1979 Ronda Tokio: sus resultados fueron mínimos y sólo se hicieron acuerdos sobre procedimientos de negociación. 8) 1986 - 1993 Ronda de Uruguay: se firmó en 1994 y entró en vigencia en 1995. Comenzó con dos grandes objetivos: el primero de ellos era procurar evitar nuevas presiones proteccionistas que debilitaran el comercio unilateral ante medidas que estaban siendo adoptadas por algunos países afectados sobre todo por la deuda internacional; el segundo objetivo era lograr una puesta al día con relación a ciertas áreas (cuyo examen debía reverse) que no habían sido consideradas hasta el momento, tales como productos agrícolas, servicios, inversiones internacionales y patentes de propiedad intelectual. Una de las características fundamentales se refiere a la cláusula de la nación más favorecida; ello significa que si se bajan los aranceles para un país, todas las naciones participantes pasan en forma automática a recibir el mismo tratamiento. A partir de 1995, fue reemplazada por la Organización Mundial del Comercio; sustituyó el Acuerdo General sobre Aranceles Aduaneros y Comercio. Es el único órgano internacional que se ocupa de las normas del comercio especializado y tiene arreglos y prácticas de cooperación con las Naciones Unidas. Integrada por ciento cincuenta y nueve países, trabajan allí más de seiscientos funcionarios. Los fines son cooperar y ayudar a que el comercio se desarrolle de acuerdo con un sistema uniforme, que se puedan resolver las controversias y mejorar las relaciones comerciales internacionales. Por un lado, es un código de normas y, por otro, un foro de negociación de aranceles y de las cuestiones comerciales. Como finalidad fundamental, el Acuerdo persigue la reducción sustancial de los aranceles aduaneros y la eliminación del trato discriminatorio basado en el origen de los productos. ◆ Es un sistema multilateral de comercio integrado por más de un centenar de países (A. Fratalochi y G. Zunino). ◆ Ver **Organización Mundial del Comercio.**

"GENERAL AGREEMENT ON TARIFFS AND TRADE": Acuerdo General sobre Aranceles y Comercio. ◆ Ver **GATT.**

GIRO: pago que se efectúa a favor de una persona en fecha y lugar específicos.

GLOBALIZACIÓN: transformación del tiempo y del espacio propiciada por la revolución de las comunicaciones, los transportes y la informática. Constituye un proceso contradictorio y conflictivo, que ha generado nuevas formas de producción, distribución, consumo y transmisión de ideas y valores.

GRAVAMEN: impuesto, carga tributaria o aduanera. ◆ Afectación que se hace de un bien inmueble o mueble a una garantía, como la hipoteca o la prenda. Implica el concepto de tasa, contribución e impuesto. ◆ Ver **Tributo.**

GRUPO ANDINO: acuerdo de integración subregional andino; fue suscripto en el Palacio de San Carlos, Bogotá, el 26 de mayo de 1969, por Bolivia, Colombia, Chile, Ecuador y Perú. Venezuela se sumó al grupo en 1973 y Chile se retiró en 1976. Su mayor novedad atañe a los siguientes aspectos: programa de liberación comercial, que utiliza procedimientos de desgravación automática e irreversible; arancel externo común a elaborarse en un plazo de diez años; armonización de políticas económicas y planes de desarrollo con miras a llegar a la planificación conjunta del área y la programación conjunta. Venezuela se retiró en el año 2006.◆ Ver **Comunidad Andina de Naciones**.

GRUPO CAIRNS: grupo de negociación constituido por algunos de los miembros de la Organización Mundial de Comercio. Su finalidad es asegurar la prioridad que requieren los temas agrícolas en las negociaciones multilaterales. Esta organización se creó en 1986, en Cairns, Australia. Está conformado por: la Argentina, Australia, Bolivia, Brasil, Canadá, Chile, Colombia, Costa Rica, Filipinas, Guatemala, Indonesia, Malasia, Nueva Zelanda, Pakistán, Paraguay, Perú, Sudáfrica, Tailandia y Uruguay. Se reúne al menos una vez al año con la finalidad de definir la posición conjunta del grupo frente a los temas actuales.

GRUPO DE ACCIÓN FINANCIERA INTERNACIONAL: GAFI.◆ Institución surgida del G-7, conformada originariamente por veintiséis miembros. Este grupo tiene como finalidad prevenir la utilización del sistema bancario y financiero para el blanqueo de capitales y estudiar medidas preventivas. Este organismo intergubernamental realiza recomendaciones atinentes al blanqueo de capitales y a normas para evitar financiación de actos del narcotráfico y del terrorismo. Es multidisciplinario y reúne a expertos encargados de adoptar medidas sobre cuestiones jurídicas, financieras y operativas. Las recomendaciones se redactaron inicialmente en 1990.

GRUPO DE LOS 77: creado el 15 de junio de 1964 por países en vías de desarrollo que se han unido con la finalidad de ayudarse y de generar y fijar posiciones homógeneas en el seno de las Naciones Unidas. En un principio estuvo conformado por 77 países, mientras que en la actualidad está compuesto por 132. En realidad, es un mecanismo de ejercitación que los países en vías de desarrollo han emprendido con el objeto de de consolidar posiciones económicas, sociales y presupuestarias en el contexto de las Naciones Unidas. Este grupo se financia a través de las contribuciones de los Estados miembro y de otros países en desarrollo.

GRUPO DE LOS 24: grupo en el que se incluyen países de América Latina, Asia y África, que a sus vez son miembros del grupo de los 77 de la Conferencia de las Naciones Unidas sobre el Comercio y Desarrollo (UNCTAD). El G-24 se creó en 1971 con el objeto de coordinar las posiciones de los países sobre aspectos monetarios y de financiamiento del desarrollo internacional y asegurar la representatividad y los intereses de los pueblos en vías de desarrollo.

GRUPO FAMILIAR: a los efectos de la declaración de equipaje a la Aduana, el grupo está integrado por un pasajero, su cónyuge, sus ascendientes y descendientes directos (SENIAT).

GUÍA AÉREA: documento que extienden las compañías aéreas transportadoras de cargas internacionales que, con ligeras variantes, incluyen o requieren los datos similares a los del conocimiento del embarque. ◆ Documento de transporte aéreo que demuestra la existencia de un contrato de transporte.

GUÍA "COURIER": documento de embarque en el cual queda plasmado un contrato entre el embarcador y la empresa de mensajería internacional courier por cada envío.

GUÍA DE ENCOMIENDA: documento que expide una empresa de transporte de encomienda (terrestre), como constancia de haber recibido del embarcador, demasiadas mercancías para transportarlas hasta su destino.

GUÍA DE REMESA EXPRESA: documento equivalente al Conocimiento de embarque, por cada envío en el que se debe especificar detalladamente el contenido de cada uno de los bultos que empaca y otros datos requeridos.

GUÍA DE REMOVIDO: ver **Removido.**

GUÍA DE TRÁFICO POSTAL: documento que da cuenta del contrato entre el expedidor y la empresa prestadora del servicio postal, haciendo las veces de documento de transporte de cada envío. Se detalla el contenido de cada uno de los bultos que ampara y los demás datos que se requieran de acuerdo con las normas pertinentes.

GUÍA INTERNACIONAL: documento que en virtud del cual la Aduana extranjera individualiza a la mercadería que hubiese sido debidamente despachada y embarcada en el exterior.

H

HABILITACIÓN: operaciones aduaneras que pueden realizarse en cada aduana principal o subalterna.

HACIENDA PÚBLICA: conjunto de bienes propiedad del Estado y lo vinculado a su administración. ◆ Ciencia de los medios por los que el Estado se procura y utiliza los recursos necesarios para la cobertura de los gastos públicos, mediante el reparto entre los individuos de las cargas resultantes *(M. Duverger).*

HECHO GENERADOR: "el hecho o conjunto de hechos o el estado de hecho al cual el legislador vincula el nacimiento de la obligación jurídica de pagar determinado tributo", incluyendo como elementos destacados: su previsión en la ley, la particularidad de tratarse de un hecho jurídico (un hecho económico de relevancia jurídica) y la circunstancia de referirse al presupuesto de hecho para que surja la obligación *ex lege* de pagar determinado tributo (*A. Araujo Falcao).* ◆ Hecho expresamente determinado por la ley para tipificar el tributo cuya realización origina el mantenimiento de la obligación tributaria. Se considera ocurrido el hecho imponible y existentes sus resultados: 1) en las situaciones de hecho, desde el momento en que se hayan completado o realizado las circunstancias materiales necesarias para que produzcan los efectos tributarios que normalmente le corresponde; 2) en las situaciones de derecho, desde el momento en que están definitivamente constituidas de acuerdo con la norma legal aplicable *(Código Tributario de Bolivia).* ◆ Existe cuando la realidad coincide con la hipótesis normativa y con ello se provoca el surgimiento de la obligación fiscal; o sea, es la materialización de la normativa tributaria. No es lo mismo que hecho imponible (*H. Carrasco Hiriarte).*

HECHO IMPONIBLE: llamado objeto de impuesto, presupuesto de hecho, presupuesto legal. Es lo que gira la ley. Se lo llama presupuesto porque la ley supone *a priori* la probabilidad de que suceda un acontecimiento determinado, de que pueda acontecer ese hecho imponible previsto. Es un presupuesto que puede darse o no. Si se realiza es la verificación del hecho imponible. Cuando se verifica el hecho imponible, automáticamente nace la llamada obligación tributaria, que no es lo mismo que tener que pagar impuesto.◆ Es lo que grava el impuesto. En el impuesto a las ganancias, el hecho imponible es la obtención de beneficios. Toda ley tributaria debe delimitar su propio ámbito de aplicación, o sea, su propio hecho imponible. El hecho imponible consiste en el conjunto de circunstancias necesarias y suficientes para que nazca la obligación tributaria. En el análisis de dichas circunstancias, es usual distinguir entre aquellos que el legislador toma como base para definir el tributo (elemento objetivo del hecho imponible o presupuesto objetivo del tributo) y la relación, prevista hipotéticamente en la norma, en que debe encontrarse una determinada persona, con dicho presupuesto objetivo para que nazca la obligación tributaria. Dicha relación y las circunstancias que deben concurrir en la persona de que se trate constituyen el elemento subjetivo del hecho imponible (*R. Falcón y Tella*).◆ El hecho previsto por la norma jurídica de forma hipotética y de cuya realización surge el conocimiento de la obligación tributaria (*H. Carrasco Hiriarte*). No es lo mismo que hecho generador.◆ Pone de manifiesto la capacidad contributiva del contribuyente. Todo tributo, por imperativo constitucional, debe gravar una manifestación de capacidad económica.◆ Hecho jurídico tributario. Se fundamenta sobre una manifestación de riqueza reveladora de capacidad contributiva que le sirve de soporte y que integra uno de sus aspectos constitutivos (el aspecto material) y ante cuya ausencia no puede engendrarse ni un hecho imponible ni, mucho menos, una obligación tributaria (*J. Bravo Cucci*).◆ Hecho efectivamente ocurrido en el mundo fenoménico.◆ Circunstancia prevista en la ley que da origen al nacimiento de la obligación del impuesto.◆ Es un hecho jurídico humano económico. ◆ Circunstancia prevista en la ley que da origen al nacimiento de la obligación del impuesto. ◆ Objeto del impuesto. ◆ Objeto imponible.◆ Presupuesto de hecho.◆ Ver **Hecho generador.**

HECHO PUNIBLE: conducta humana descripta en la norma legal como delito o controversión.

HELGING: práctica que tiene como objetivo reducir el riesgo. Es como contratar un seguro. En realidad son posiciones de cobertura. Hedge (cobertura en inglés), significa realizar una inversión de cobertura con el objetivo de reducir el riesgo de un movimiento adverso en un activo que se ha realizado la inversión principal.

HOJA DE VALOR: formulario que se utiliza como declaración jurada acerca de las características de la transacción de compraventa y los distintos factores que tienen influencia en la estructura del valor de la mercadería a los fines aduaneros, con el objeto de determinar la base imponible sobre la cual se aplican los derechos de exportación, tipo de cambio y reintegros en caso de corresponder.

I

IATA: International air Traffic Association. ◆ Ver **Asociacion Internacional de Transporte Aéreo**.

IDIOMA DEL PAÍS DE DESTINO: lenguaje del país destinatario en el que se redacta un despacho.

IDIOMA DEL PAÍS DE ORIGEN: lenguaje del país en el cual se origina o donde se domicilia el remitente en el que se redacta un despacho.

IFA: inspector fiscal aduanero.

IFC: International Finance Corporation. ◆ Miembro del Grupo del Banco Mundial, es la principal institución internacional de desarrollo que finca su actividad en el sector privado de los países emergentes. Se creó en 1956 y en la actualidad está compuesta por 184 países.

IGNORANCIA DE CONTENIDO: desconocimiento de las mercancías objeto de las operaciones de comercio exterior.

ILÍCITO ADUANERO: transgresión de las normas legales vigentes referidas al comercio exterior, específicamente a las importaciones y/o exportaciones.

IMPORTACIÓN: como idea general, introducción de bienes provenientes del exterior al territorio aduanero argentino. Esta operatoria puede ser efectuada siguiendo las disposiciones precitadas, al amparo de distintas formas. Es decir, es aquella en virtud de la cual la mercadería puede permanecer por tiempo indeterminado dentro del territorio aduanero. ◆ Destinación definitiva para consumo.◆ Operación de compra de bienes que efectúa alguien ubicado en un país a otro situado en el extranjero. Esta operación comprende tanto trámites de transporte como de introducción al país de destino.

◆Operación mediante la cual se introducen legalmente, a un territorio aduanero, mercancías extranjeras, para su uso o consumo definitivo *(J. Cruz)*. ◆ Como idea general, introducción de bienes provenientes del exterior al territorio aduanero argentino. Esta operatoria puede ser efectuada siguiendo las disposiciones precitadas, al amparo de distintas formas. Es decir, es aquella en virtud de la cual la mercadería puede permanecer por tiempo indeterminado dentro del territorio aduanero. ◆ Destinación definitiva para consumo.

IMPORTACIÓN CON COBERTURA: aquella cuyo valor debe reembolsarse al proveedor.

IMPORTACIÓN NO COMERCIAL: introducción de mercancías a un país sin fines comerciales.

IMPORTACIÓN PARA CONSUMO: régimen mediante el cual las mercaderías ingresan libremente dentro del territorio aduanero, paga precio de los correspondientes gravámenes a la importación y cumplidas las formalidades pertinentes.

IMPORTACIÓN SIN COBERTURA: aquella operación no sujeta a un pago al exterior, en virtud de haberse enviado sin cargo o costo para el destinatario.

IMPORTACIÓN TEMPORAL PARA PERFECCIONAMIENTO ACTIVO: régimen mediante el cual puede ingresar dentro del territorio aduanero mercaderías con efecto suspensivo de derechos de aduana y en general todos los gravámenes. Estas mercancías son las destinadas a enviar al exterior previo a un proceso de montaje, equipamiento, ensamble, adecuación, transformación, etc; es decir, incorporar valor..

IMPORTACIÓN Y EXPORTACIÓN: régimen que otorga facilidades aduaneras al reingreso de mercaderías previamente exportadas.

IMPORTACIONES INVISIBLES: egreso de divisas originadas en el turismo, pago de intereses, regalías, reembolsos de préstamos, seguros, fletes, etc.

IMPORTACIONES VISIBLES: egreso de divisas por la introducción de bienes al país

IMPORTADOR: persona que se dedica a introducir bienes o servicios al país.

IMPORTADORES: personas que en su nombre importan mercaderías, ya sea que las traigan consigo o que un tercero las traiga para ellas. También personas prestatarias o cesionarias de los servicios y/o derecho allí involucrados.

IMPUESTO: toda prestación obligatoria, en dinero o en especie, que el Estado en ejercicio de su poder de imperio exige, en virtud de ley, sin que se obligue a una contraprestación respecto del contribuyente directamente relacionada con dicha prestación *(Modelo de Código Tributario para América Latina).* ◆ Es una prestación pecuniaria, percibida de los particulares autoritariamente, a título definitivo y sin contrapartida para la cobertura de las cargas públicas *(Jeze).* ◆ Las características fundamentales son: 1) su carácter obligatorio e, incluso forzoso que opone el impuesto a la contribución voluntaria individualmente otorgada y al empréstito; 2) la ausencia de correlación directa entre la prestación del contribuyente y los servicios que éste recibe del Estado y de la entidad pública de que se trate, lo cual distingue el impuesto de la tasa; 3) el carácter definitivo o fondo perdido de la prestación, el cual constituye otra diferencia con respecto al empréstito que en principio es reembolsable *(M. Duverger).* ◆ Es el procedimiento de distribución de las cargas públicas entre los individuos de acuerdo con sus capacidades tributarias *(Trotabas).* ◆ Prestación pecuniaria exigida a las personas físicas o morales de derecho privado o de derecho público, de acuerdo con su capacidad tributaria, autoritariamente, a título definitivo y sin contrapartida determinada, con la finalidad de cubrir las cargas públicas del Estado y de las demás colectividades territoriales o de una intervención del poder público *(L. Mehl).* ◆ Obligación legal y pecuniaria, establecida a favor de un ente público en régimen de Derecho Público para atender sus necesidades económicas, en virtud de la capacidad económica de sus destinatarios, caracterizada negativamente por la ausencia de actuación administrativa y positivamente por ser una manifestación de la renta, el patrimonio o el consumo *(A. Menéndez Moreno).* ◆ Carga exigible por el Estado por medio de un ente de aplicación de leyes tributarias que, usualmente establece gravámenes sobre los bienes patrimoniales, los ingresos, los consumos o las actividades que posee, percibe o realiza, respectivamente, una persona, sea física o jurídica, con el fin de atender al bien común y al presupuesto estatal. En el impuesto no hay contraprestación directa por parte del Estado sino servicios generales, tales como educación, seguridad y salud pública que el Estado presta. Los impuestos pueden ser reales, que es cuando gravan una demostración de capacidad contributiva, o sea, el bien, o personales, que es cuando tienen en cuenta la calidad del sujeto y consideran demostraciones globales de capacidad contributiva. ◆ Es el tributo cuya obligación tiene como hecho generador una situación independiente de toda actividad relativa al contribuyente *(Modelo del Código Tributario para América Latina).* ◆ Tributo exigido por el Estado en dinero y sin contraprestación, creado por la ley, cuyo hecho imponible son negocios, actos o hechos evidencian la existencia de capacidad contributiva del sujeto obligado al pago y atienden a satisfacer los servicios públicos indivisibles que el Estado debe ofrecer *(A. C. Altamirano).*

IMPUESTO ADUANERO: gravamen a la importación o exportación de mercaderías o productos. ◆ Gastos aduaneros.

IMPUESTO AL VALOR AGREGADO: impuesto que grava el consumo de bienes y servicios. Su establecimiento puede obedecer a fines fiscalistas, es decir, mediante una base impositiva amplia que comprenda la mayor cantidad de bienes y servicios posibles, obtener la mayor cantidad de recursos posibles para hacer frente a las erogaciones estatales. ◆ IVA.

IMPUESTOS AL COMERCIO EXTERIOR: exacciones que forman un sistema selectivo para gravar la salida de productos nacionales hacia el exterior, así como la entrada de productos extranjeros.

IMPUESTOS INTERIORES: todos los que no son impuestos exteriores y que gravan las rentas devengadas, percibidas, gastadas o consumidas por residentes o domiciliados en el país, o las rentas cuyas fuentes están dentro del país o que, siendo de fuentes extranjeras, son percibidas o devengadas

por personas domiciliadas o residentes en el país de la imposición.

INCAUTACIÓN: medida preventiva adoptada por la Autoridad Aduanera que consiste en la toma de posesión forzosa y el traslado de la mercancía a los almacenes de la Administración Tributaria hasta la determinación de la situación legal correspondiente.

INCENTIVOS A LA EXPORTACIÓN: estímulos que tienen como finalidad promover las exportaciones. Para ellos es necesario aplicar distintas medidas de procedimiento, fiscales administrativas. Por ejemplo: reintegro, reembolso, etc.

INCOTERMS: *International Commercial Terms.*◆ Conjunto de reglas internacionales de derecho privado, de aceptación voluntaria por las partes, que determinan el alcance de los acuerdos comerciales, incluidos en los contratos internacionales de compraventa de mercaderías así como las obligaciones particulares de cada uno de los sujetos contratantes. ◆ Ordenamiento internacional que contiene los conceptos y/o definiciones legales de los diversos contratos de compraventa que se utilizan en el comercio internacional. ◆ Los INCOTERMS establecen reglas internacionales que permiten interpretar y solucionar los problemas derivados de un conocimiento impreciso de las prácticas comerciales utilizadas en los países del comprador y vendedor, según las Reglas Oficiales de la Cámara de Comercio Internacional (CCI), para la interpretación de los términos comerciales INCOTERMS.◆ Conjunto de términos comerciales de tres letras que reflejan usos entre empresas en los contratos de compraventa de mercaderías. Describen principalmente: las tareas, los costos y los riesgos; implica la entrega de las mercaderías de la empresa vendedora a la compradora. ◆ Términos internacionales de comercio que fueron creados en 1936 y que desde entonces han sufrido diversas modificaciones. A partir de enero de 2011 rige la nueva redacción vigente. La "International Chambre Commerce", ICC; resultó una organización fundamental en este proceso.

INFLACIÓN: incremento en el nivel general de precios.

INFRACCIONES ADUANERAS: hechos, actos u omisiones que la legislación aduanera reprime por transgredir sus disposiciones. ◆ Actos que vulneran la legislación aduanera. Es necesario que la operación se haya sometido al control aduanero correspondiente. ◆ Ilícitos formales no relacionados con el despacho aduanero.

INFRACCIONES GRAVES: las de pleno conocimiento volitivo de las personas, transgreden ordenamientos legales con el propósito de causarle un perjuicio pecuniario al fisco o elude las restricciones o prohibiciones impuestos por las autoridades a las mercancías de comercio exterior, con el fin de proteger a la economía nacional y a la sociedad *(M. Carvajal Contreras).*

INFRACCIONES LEVES: actos u omisiones del contribuyente que puede o no traer consigo la evasión de los impuestos o requisitos al comercio exterior, siendo siempre su sanción una multa pecuniaria y no rebasando su aplicación la esfera administrativa de la autoridad aduanera *(M. Carvajal Contreras).*

INGRESOS TRIBUTARIOS: los que recibe el fisco en concepto de impuestos, tasas y contribuciones. Son prestaciones exigidas en virtud del imperio de la ley.

INMOVILIZACIÓN: medida preventiva dictada por la Administración Aduanera, mediante la cual las mercancías deben permanecer en los almacenes de la misma hasta la resolución legal correspodneinte.

INSPECTOR FISCAL ADUANERO: funcionario asignado al control y verificación de los gravámenes correspondientes vinculados con el comercio exterior; es decir, velar por el cumplimiento de los requisitos por el ingreso y egreso de mercaderías.

INSTRASTAT: modelo oficial para la declaración mensual de importaciones y exportaciones intracomunitarias.

INSUMO: bien utilizado en la producción de otro.

INTEGRACIÓN ECONÓMICA: unión de dos o más mercados que se unen para constituir un amplio mercado.

INTEGRACIÓN LATINOAMÉRICANA: conjunto de proyectos propuestos, procesos y ordenamientos institucionales, tendientes del refuerzo de la cooperación y eventualmente de la unificación de los países de América Latina y el Caribe.

INTERÉS PUNITORIO: interés que tiene su origen en el inicio de una demanda judicial para el cobro por parte del Estado.

INTERÉS RESARCITORIO: tiene como finalidad compensar o indemnizar al fisco la demora en el ingreso de la obligación tributaria en tiempo y en forma. Es por el mero incumplimiento dentro del plazo legal de pago.

INTERNACIÓN AL TERRITORIO NACIONAL: operación basada en la introducción de las mercancías en el territorio aduanero de un país.
◆ Introducción de mercancías al territorio aduanero del país desde una zona franca, puerta libre, zona libre, etc (SENIAT).

INTERVENCIÓN PREVIA: certificaciones exigibles que realizan distintos organismos a los efectos de efectuar una importación o exportación.

ISO: Organismo Internacional de Estandarización, con sede en Ginebra. Agrupa alrededor de ciento veinte países por medio de un organismo de normalización por país. Su actividad central es establecer normas internacionales que faciliten el comercio mundial. Es el organismo madre mundial elaborador de normas.

ISO 14000: la más nueva de las modalidades; evalúa el comportamiento de las empresas en relación con el medio ambiente; sólo es aplicable a las que empleen procesos "limpios", no agresivos con su entorno.

ISO 9000: reglas que constituyen una serie de estándares internacionales que cualquier empresa puede usar como guía para establecer un sistema de administración de calidad. Son normas que definen sistemas dentro de los cuales se fabrican los productos y, fundamentalmente, con el proceso de producción; es decir que luego de la aplicación de un sistema efectivo de calidad, cualquier empresa está en condiciones de suministrar un producto o servicio competitivo, tanto en su costo como en su precio de venta. Las empresas, de acuerdo con sus actividades, pueden adoptar alguna de sus modalidades. Son de carácter general.

ISO 9001: reglas aplicables a empresas que hacen el diseño, el desarrollo, la producción, la instalación o el servicio de un producto o servicio.◆ Ver **Iso 9000.**

ISO 9002: reglas aplicables a empresas de características similares a las descritas en ISO 9001, pero que no llevan a cabo diseño ni desarrollo de producto.◆ Ver **Iso 9000.**

ISO 9003: reglas aplicables a empresas involucradas únicamente en actividades de inspección final y pruebas; por lo general, suele aplicarse a distribuidores y contratistas.◆ Ver **Iso 9000.**

ISO 9004: reglas que responden a las necesidades internas del fabricante. Están dirigidas al uso interno de un fabricante; a cómo desarrollar su propio sistema de calidad.◆ Ver **Iso 9000.**

ÍTEM: subdivisiones a su vez de la subpartidas de la nomenclatura base de los aranceles nacional. Ello se produce a nivel nacional con el objeto de lograr una mejor especificación.

IVA: Impuesto al Valor Agregado

J

JOINT VENTURE: emprendimiento conjunto de un número de personas o empresas con el propósito de lograr un objetivo empresarial. Puede tomar la forma de un contrato o la formación de una subsidiaria; algunas instituciones financieras multilaterales como el Banco Mundial utilizan la forma del joint venture en el campo de financiamiento de proyectos de desarrollo, por ej., asociándose con países o empresas privadas. Los pasos previos para definir un proyecto son, básicamente: a) una necesidad mutua; b) definir la meta común y entender que puede ser muy difícil alcanzarla; c) definir los aportes de cada parte.◆ "Un acuerdo que se celebra entre dos o más empresas que mantienen sus autonomías jurídicas con el fin de realizar un objetivo común mediante la aportación de recursos y la administración compartida de ellos" (J. M. Farina).

JUICIO CONTENCIOSO: el que sigue ante el juez sobre derechos o cosas que varias partes contrarias litigan entre sí. ◆ Aquel en el que uno de los litigantes es la administración pública y el otro es un particular o una autoridad que reclama contra las resoluciones definitivas de aquéllas.

JURISDICCIÓN: territorio en que un juez ejerce sus facultados de tal.◆ También se refiere a las autoridades judiciales, árbitros o tribunales arbitrales que deben conocer y resolver los litigios y discrepancias entre las partes.◆ Conjunto de atribuciones que corresponden en una materia y en cierta esfera territorial. ◆ Función de aplicar las leyes a los casos concretos o, en otros términos, función de dictar normas inviduales que rigen los casos concretos.◆ Sinónimo de circunscripción o distrito territorial.◆ El poder de los que tienen el derecho de juzgar; a veces, esta palabra significa el espacio o extensión del territorio en el cual el juez está facultado para ejercer su poder.◆ En Nicaragua, se interpreta como materia, cantidad y jerarquía del tribunal.◆ Prerrogativa, autoridad o poder de determinados órganos públicos, especialmente los del Poder Judicial. Se alude a la investidura, a la jerarquía, más que a la función.◆ Función pública realizada por órganos competentes del Estado, con las formas requeridas por la ley, en virtud de la cual, por acto de juicio, se determina el derecho de las partes con el objeto de dirimir sus conflictos y controversias de relevancia jurídica mediante decisiones con autoridad de cosa juzgada, eventualmente factibles de ejecución (*E. J. Couture*).◆ Potestad para decidir las cuestiones (recursos, reclamaciones, etc.) promovidas por los administrados o potestad de componer los intereses contrapuestos, utilizando el vehículo del procedimiento, o para decidir con fuerza de verdad legal una controversia entre partes; el órgano debe ser imparcial e independiente (*A. Gordillo*).

"JUST IN TIME": expresión inglesa que significa "justo a tiempo".

L

LAB: Libre A Bordo.◆ FAB: Franco A Bordo.◆ FOB: *Free On Board.*◆ Ver **Libre a bordo.**

LASTRE: piedra, arena, agua u otra cosa que se coloca en el fondo de la embarcación, a fin de que ésta entre en el agua hasta donde convenga.

LAVAR DINERO: blanquear los lucros obtenidos por un delito ingresando dichos fondos en el mercado financiero legal. Es una operación que se puede analizar en tres etapas: 1) Se requiere dar un destino al dinero. Éste puede ser depositado en entidad formal o no. En los países en los que existen controles muy estrictos, los fondos se pueden transferir al exterior o utilizarse en la forma de bienes caros (aviones, obras de arte, etc.) para luego venderse. 2) Se hace circular ese dinero en operaciones financieras complejas con el objetivo de dificultar el origen de los fondos. Se pueden crear empresas fantasmas o bien en inversiones de valores mobiliarios. 3) Por último, los fondos regresan a su dueño. Pueden aparecer como prestados por las empresas fantasmas o a través de técnicas de comercio exterior disfrazadas.

LEGISLACIÓN ADUANERA: conjunto de normas legales que rigen para todos los momentos vinculados con la autoridad aduanera.

LETRA DE CAMBIO: título de crédito formal y completo que contiene la promesa incondicional y abstracta de pagar a su vencimiento, al tomador o a su orden, una suma de dinero en un lugar determinado, vinculando solidariamente a todos los que intervienen en su circulación (*H. Cámara*).◆ Un título que, remitido por el librador al beneficiario, confiere a éste o a aquél, a la orden de quien se ha librado, el derecho a que se le pague en una fecha determinada, generalmente fijada por el uso, una cierta suma de dinero por parte del girado (*G. Ripert*).◆ Es una orden emitida por escrito por medio de la cual una parte, denominada emisor o librador, ordena a otra, llamada aceptante, girado o librado, quien puede a su vez instruir a otra parte, el tomador, para abonar una suma determinada en dinero o beneficiario o tenedor a cuyo favor se emitió la letra.◆ Documento de mucho uso en el comercio internacional en el cual intervienen el importador, que es el emisor de la letra, el banco local, que es el librado, el banco del país importador, a quien instruyen el pago (tomador), y el exportador, que es el beneficiario. En esta operatoria, en las instrucciones que se envían al banco del país exportador, se suele incorporar el cumplimiento de ciertas condiciones para acceder al beneficio del cobro de la letra, tales como proceder al embarque de la mercadería bajo ciertas condiciones de calidad, cantidad, tiempo, presentación de cierta documentación, como factura, documento de embarque, etcétera. La letra de cambio debe contener: 1) la denominación Letra de cambio inserta en el título y en el idioma en el cual ha sido redactada o, en su defecto, la cláusula a la orden; 2) la promesa incondicionada de pagar una suma de dinero determinada; 3) el nombre de quien debe hacer el pago, girado; 4) el plazo de pago;

5) el lugar de pago; 6) el nombre de aquél a cuya orden debe hacerse el pago; 7) la indicación del lugar y la fecha en que la letra ha sido creada; 8) la firma del creador de la letra, librador.

LEVANTE: autorización mediante la cual la aduana permite disponer de las mercancías objeto del desaduanamiento. ◆ Acto por el cual la autoridad aduanera permite a los interesados la disposición de la mercancía, previo el cumplimiento de los requisitos legales o el otorgamiento de garantía, cuando a ello corresponda.

LIBRAMENTO: acto mediante el cual se procede a liberar mercancías retenidas por las autoridades aduaneras.

LIBRAMENTO DE LA MERCADERÍA: acto por el cual el servicio aduanero autoriza la salida con destino al exterior de la mercadería objeto de despacho. ◆ Ver **Desaduanamiento.**

LIBRE A BORDO: LAB.◆ Cláusula mediante la cual el comprador de una mercadería se hace cargo de todos los gastos y riesgos del transporte.◆ Cláusula que significa que el precio de las mercaderías de exportación comprende todos los gastos hasta ponerlas sobre el medio de transporte y que queda a cargo del importador el flete y el seguro más los gatos de desembar-

co y los gravámenes aduaneros.◆
FOB. *Free On Board.*◆ Franco a
bordo.

LIBRE A BORDO DE BARCO: cláusula referida a un buque. ◆ Ver
Libre a bordo.

LIBRE A BORDO DE CAMIÓN:
cláusula referida a un camión de
transporte.

LIBRE A BORDO DE TREN: cláusula referida al transporte por tren.

LIBRE CIRCULACIÓN: inexistencia
de barreras aduaneras dentro de
una zona o región determinada.

LIBRE DE DERECHOS: que no
está sujeto al pago de ningún tipo
de arancel o similar. ◆ Libre de
impuestos.

LIBRE DE IMPUESTOS: libre de
derechos.

LIBRE PLÁTICA: libre práctica.

LIBRE PRÁCTICA: productos del exterior que han cumplido las formalidades de importación y las exigencias
de derechos arancelarios y las tasas
que corresponden. ◆ Libre plática.

LIBRE DE IMPUESTO: comercios si-
tuados en las áreas internacionales
de los aeropuertos, en los cuales
se venden numerosos productos
sin impuestos.

LICENCIA: permiso expedido por la
autoridad competente a los efectos
de ingresar o sacar mercancías de
un país.

LICENCIA DE EXPORTACIÓN:
autorización de un organismo oficial que permite la exportación del
comercio exterior.

LIQUIDACIÓN: acto administrativo mediante el cual la autoridad
competente calcula, regula y fija
el monto del tributo a abonar. ◆
Liquidación de gravamen.

LIQUIDACIÓN DE GRAVÁMENES:
ver Liquidación.

LIQUIDACIÓN OFICIAL: acto mediante el cual la autoridad aduanera
determina el valor a pagar e impone
las sanciones que hubiere lugar,
cuando en el proceso de importación o en desarrollo de programas
de fiscalización se detecte que la
liquidación de la Declaración no
se ajuste a las exigencias legales
aduaneras

LISTA: documento a emitir siempre
por el exportador que completa la
información relativa a la mercancía
descrita en la factura comercial. ◆
Relación de contenidos.

LISTA DE CONTENIDOS Y PESOS:
documento donde se relacionan las
mercaderías para facilitar despacho en aduana.

LISTA DE EMPAQUE: documento mediante el cual se detallan las mercaderías a exportar o a importar por una persona y en el cual se especifica la información inherente a la operación.◆ Listado de contenido firmado por el exportador y el despachante que debe contener los siguientes requisitos: 1) nombre y razón social, 2) contenido de cada bulto, 3) tipo, cantidad y peso de los bultos, 4) número de destinación aduanera, 5) conforme de la cantidad de unidades embarcadas. Indicar se coincide con la declarada. ◆ Detalle de contenido.

M

MANIFIESTO COMERCIAL: documento mediante el cual se especifican los bultos con todas las características: peso, cantidad, etc.

MANIFIESTO DE CARGA: relación detallada de la carga. Indica el destino a nuestro país, el tránsito a otro país, el tránsito a otro territorio aduanero, el equipaje no acompañado y correo ◆ Documento equivalente a guía de removido.

MANIFIESTO DE EXPORTACIÓN: declaración escrita que hace un exportador cuando envía las mercaderías hacia el exterior.

MANIFIESTO DE IMPORTACIÓN: documentación que requiere presentarse a la oficina aduanera con la finalidad de nacionalizar las mercaderías importadas.

MANIFIESTO DE REMESA EXPRESA: documento que contiene la individualización de cada una de las Guías de Remesa Expresa que transporta un medio de transporte o un mensajero internacional, sea por vía aérea o terrestre, mediante el cual las mercaderías se presentan y entregan a la Aduana. Dicho documento deberá ser presentado de manera informatizada o manual si no estuviera disponible, pudiendo presentarse antes que el medio de transporte arribe debiendo el mismo estar suscrito por representante autorizado de la respectiva empresa.

MANIFIESTO EXPRESO: documento que contiene la individualización de cada uno de los documentos de transporte correspondientes a los envíos urgentes. ◆ Manfiesto de remesa expresa.

MANIFIESTO GENERAL ALFABETIZADO: manifiesto general de la carga, en razón de que el servicio ordena el listado de las mercaderías por orden alfabético de las marcas o señales de cada uno de los bultos, a fin de facilitar la individualización a su descarga *(E. C. Barreira)*.

MANTENIMIENTO Y REPARACIÓN DE AERONAVES: la realización de las operaciones de servicios necesarias de las aeronaves en depósitos aduaneros con suspensión de todos los tributos aduaneros de las piezas, partes y equipos a ser utilizados y destinados al transporte internacional.

MANUALES OPERATIVOS: libros en los cuales se exponen los contenidos específicos de cada procedimiento vinculado con la actividad aduanera.

MAQUILA: proceso mediante el cual a través de un contrato, se asume el compromiso de una empresa que utilice su capacidad instalada y procesos productivos, para la fabricación de productos tangibles o la prestación de servicios intangibles destinados en la mayor parte de los casos al comercio exterior.

MARCHAMO: ver **Precinto aduanero.**

MATERIA IMPONIBLE: elemento económico sobre el cual se basa el impuesto y en el que tiene su origen. Esta materia puede ser un bien, un producto, una suma, una renta y un capital. Es decir, el recurso económico es el objetivo del impuesto y la materia imponible es el instrumento para gravarlo. La materia imponible es un concepto distinto de la base imponible. La materia imponible del impuesto sobre la tierra es el inmueble, mientras que la base imponible es el producto neto generado por el mismo. En otros términos, el recurso económico es el objetivo del impuesto, en cambio la materia imponible es el medio utilizado para gravarlo.◆ Ver **Base imponible.**

MATERIA PRIMA: insumo físico principal que se utiliza en las actividades productivas.

MCCA: ver **Mercado Común Centroamericano**.

MEDIO DE TRANSPORTE: medio de transporte que se utiliza en el traslado de las mercaderías.

MEDIOS DE EXTINCIÓN de LA OBLIGACIÓN TRIBUTARIA ADUANERA: los medios son: a) pago sin perjuicio de los posibles ajustes que puedan realizarse con ocasión de verificaciones de la obligación tributaria; b) compensación; c)prescripción; d) aceptación del abandono voluntario de las mercancías; e) adjudicación en pública subasta o mediante otras formas de disposición legalmente autorizadas de las mercancías abandonadas; f) pérdida o destrucción total de las mercancías por caso fortuito o de fuerza mayor o destrucción de las mercancías bajo control aduanero; y, g) otros medios legalmente establecidos.

MEDIOS DE PAGO: instrumentos mediante los cuales se cancelan los compromisos de pago que el comprador contrajo con el vendedor, como consecuencia de un contrato de compraventa internacional de mercaderías.

MENSAJERO INTERNACIONAL: persona material que actúa como portador de mercaderías por cuenta de una Empresa de Remesa Expresa.

MERCADERÍA: denominación genérica de todos los bienes cuya negociación da lugar al tráfico internacional. ◆ Todo objeto susceptible de ser importado o exportado. Esta definición alcanza a los objetos intangibles, como por ejemplo: electricidad, gas, etc.; a los tangibles como los bienes muebles (aquellos que puede ser transportados de un lado al otro) o semovientes (aquellos que se trasladan por sus propios medios, por ejemplo: animales vivos, aviones, barcos, etc.) *(Legislación Aduanera de la Argentina)*. ◆ La mercadería se individualiza y se clasifica de acuerdo con el sistema Armonizado de Designación y Codificación de Mercaderías. El mencionado sistema se utiliza para los fines arancelarios, estadísticos, impositivos, etc. Su finalidad es alcanzar un

ordenamiento de acuerdo con los sectores productivos y sectoriales. Es de utilización obligatoria y universal. El Sistema Armonizado se divide en 21 secciones y a su vez éstos están divididos en capítulos y estos compuestos por partidas. ◆ Con ese vocablo se designa a las mercancías, bienes, artículos, productos, materias primas, frutos, animales o efectos de cualquier género, especie, materia o calidad. ◆ Denominación genérica de todos los bienes cuya negociación da lugar al tráfico internacional. ◆ Mercancía.

MERCADERÍA DE RANCHO: mercadería extranjera que se deposita en lugares especiales de los puertos o recintos aduaneros y que están destinados para su consumo a bordo de naves de servicio internacional *(G. Plott)*.

MERCADERÍA DE USO O CONSUMO: productos alimenticios de limpieza y cosméticos.

MERCADERÍA EN ADUANA: contablemente, cuenta patrimonial del activo, rubro bienes de cambio, en la que que se debitan las mercaderías que se encuentran pendientes de liberación en los depósitos aduaneros durante el tiempo que duran los trámites de despacho a plaza.

MERCADERÍA EN TRÁNSITO: aquella que llega a un puerto del territorio nacional de paso hacia otro país.

MERCADERÍAS DE LIBRE CIRCULACIÓN: aquellas que pueden transitar en todo o en parte del territorio nacional, de acuerdo con las condiciones aduaneras previstas.

MERCADERÍAS DESTINADAS A EXPOSICIÓN: se entienden como tales a: a) mercaderías que se destinen a ser expuestas o a ser objeto de una demostración o exposición, b) las mercaderías que se destinen a la presentación de productos importados en una exposición como: las mercancías necesarias para la demostración de las máquinas o aparatos expuestos; el material publicitario, de demostración y de equipo que se destino a ser utilizado para la publicidad de las mercancías importadas expuestas, como grabaciones sonoras y video, películas y diapositivas y los aparatos necesarios para su utilización, c) el material, incluidas las instalaciones de interpretación, los aparatos de grabación de sonido y grabación de video, películas y las películas de carácter educativo, científico o cultural, que se destine a ser utilizado en reuniones, conferencias y congresos internacionales, d) los animales vivos que se destinen a ser expuestos o participar en manifestaciones; y a e) los productos obtenidos, durante la manifestación, a partir de mercaderías, máquinas, aparatos o animales importados temporalmente.

MERCADERÍAS IDÉNTICAS: aquellas que tienen todo igual, tanto las calidades, las cuestiones físicas y las marcas.

MERCADERÍAS SIMILARES: aquellas que tienen contenidos y características semejantes y que, además cumplen con las finalidades y funciones requeridas.

MERCADO COMÚN: acuerdo entre uno o más estados para eliminar las barreras que impiden la libre circulación de todos los factores productivos: bienes y servicios, capitales y personas.

MERCADO COMÚN CENTROAMERICANO: MCCA. ◆ Grupo integrado por Costa Rica, El Salvador, Guatemala, Honduras y Nicaragua. El objetivo fundamental es unificar las economías, impulsar en forma conjunta el desarrollo de Centroamérica y mejorar las condiciones de vida de sus habitantes. El Tratado General de Integración Económica Centroamericana entró en vigencia el 4 de junio de 1961 para Guatemala, El Salvador y Nicaragua; el 27 de abril de 1962 para Honduras y el 23 de setiembre de 1963 para Costa Rica. La región abarca a 34 millones de habitantes. En el Preámbulo del convenio se establece que el espíritu del tratado es reafirmar su propósito de unificar las economías de los países mencionados e impulsar en forma conjunta el desarrollo de Centroamérica a fin de mejorar las condiciones de vida de sus habitantes. Los órganos rectores de este agrupamiento regional son: el Consejo Económico Centroamericano, el Consejo Ejecutivo y la Secretaría Permanente. ◆ Mercado Común de Centroamérica. ◆ Mercado Común de América Central.

MERCADO COMÚN DEL CARIBE:
MCCO. ◆ Comunidad económica entre los territorios del Caribe. Sus miembros son: Antigua y Barbuda, Las Bahamas, Barbados, Belice, Dominica, Granada, Guyana, Haití, Jamaica, Montserrat, Santa Lucía, San Cristóbal y Nieves, San Vicente y Las Granadinas, Suriname y Trinidad y Tobago. Miembros asociados: Anguila, Bermuda, Islas Vírgenes Británicas, Islas Caimás e Islas Turcos y Caicos. Sus objetivos son: el fortalecimiento, coordinación y regulación de las relaciones comerciales y económicas entre los Estados miembros, obtención de la independencia y efectividad de aquellos y una continua integración económica.

MERCADO COMÚN DEL SUR:
Mercosur. ◆ Unión Aduanera.◆ Ver **Mercosur.**

MERCADO LIBRE DE CAMBIOS:
mercado cambiario en el que el precio de las divisas es consecuencia de la libre acción de la oferta y la demanda. Este mercado puede existir en forma concurrente con el denominado Mercado Oficial de Cambios. En este caso, se negociarán al cambio libre aquellas operaciones que no estén comprendidas dentro de la negociación obligatoria con el tipo de cambio oficial.

MERCADO OFICIAL DE CAMBIOS:
aquel que comprende todas las operaciones de compra y venta de divisas negociadas al tipo de cambio fijado por la autoridad monetaria. En el caso de existir simultáneamente un mercado libre y uno oficial, por medio de éste se negocian todas las operaciones de exportación e importación, así como también todas las transferencias de divisas al exterior autorizadas y, en forma obligatoria, las procedentes del exterior.

MERCANCÍA DE DISPOSICIÓN RESTRINGIDA:
mercancía en circulación, enajenación o destinación sometida a condiciones o restricciones aduaneras.

MERCANCÍA EN LIBRE DISPOSICIÓN:
mercancía que no se encuentra sometida a restricción aduanera alguna.

MERCANCÍA EXTRANJERA:
aquella producida, cosechada, capturada, manufacturada o que ha nacido en otro territorio aduanero, en que se hayan cumplido los trámites necesarios para su nacionalización.

MERCANCÍA NACIONAL:
aquella producida, cosechada, fabricada, capturada, manufacturada, creada

o nacida en el territorio aduanero nacional, no exportada definitivamente o lo que haya debido regresar a dicho territorio por no encontrar mercado en territorio.

MERCANCÍA NACIONALIZADA: mercancía de origen extranjero que se encuentra en libre disposición por haberse cumplido todos los trámites y formalidades exigidos por las normas aduaneras. ◆ Aquella producida o confeccionada en el extranjero, pero que ha cumplimentado con todo los requisitos y formalidades inherentes a su nacionalización. Ello implica el pago de los impuestos, tasas y/o contribuciones de importación de medidas de regulación y restricciones no arancelarias.

MERCANCÍAS: bienes que pueden ser objeto de regímenes, operaciones y destinos aduaneros. ◆ Ver **Mercaderías.**

MERCANCÍAS EQUIVALENTES: aquellas que son idénticas o similares a las que fueron importadas y que son objeto de reposición. ◆ Mercaderías similares.

MERCANCÍAS SIMILARES: aquellas que aunque no son iguales en todo, tienen características y composiciones similares. Ello permite cumplir con las mismas funciones y ser comercialmente intercambiables *(J. Cruz).* ◆ Ver **Mercaderías idénticas; Mercaderías similares**.

MERCOSUR: Mercado Común del Sur.◆ Tratado aprobado entre la Argentina, Brasil, Paraguay y Uruguay el 26 de marzo de 1991, en la ciudad de Asunción (República del Paraguay), para la constitución de un mercado común integrado por dichas Repúblicas. Este mercado común implica: la libre circulación de bienes, servicios y factores productivos entre los países, la eliminación de los derechos aduaneros y restricciones no arancelarias a la circulación de mercaderías y cualquier otra medida equivalente; el establecimiento de un arancel externo común y la adopción de una política comercial común con relación a terceros Estados o agrupaciones de Estados y la coordinación de posiciones en foros económicos-comerciales regionales e internacionales; la coordinación de políticas macroeconómicas y sectoriales entre los Estados Parte de comercio exterior agrícola, industrial, fiscal, monetaria, cambiaria, y de capitales, de servicios, de aduana, de transportes y comunicaciones y otras que se acuerden, a fin de asegurar condiciones adecuadas de competencia entre los Estados Parte; el compromiso de los Estados Parte de armonizar sus legislaciones en las áreas pertinentes para lograr el fortalecimiento del proceso de integración. El Mercado Común está fundado en la reciprocidad de derechos y obligaciones entre los Estados Parte. La administración y ejecución del Tratado y de los acuerdos específicos y decisiones que se adopten en el marco jurídico que el mismo establece durante el período de transición está a cargo de los siguientes órganos: a) Consejo del Mercado Común; b) Grupo del Mercado Común. Chile se incorporó, como Estado asociado, por el Acuerdo de Complementación Económica firmado en Potrero de Funes, en la Argentina, el 25 de junio de 1996. Tras el protocolo firmado en Ouro Preto –Brasil–, la estructura orgánica del bloque regional en análisis ha quedado configurada por los siguientes órganos: a) El Consejo del Mercado Común (CMC); b) El Grupo Mercado Común (GMC) y sus Subgrupos de Trabajo: c) La Comisión de Comercio del MERCOSUR (CCM); d) La Comisión Parlamentaria Conjunta (CPC); e) El Foro Consultivo Económico-Social (FCES); f) La Secretaría Administrativa del Mercosur (SAM). Posteriormente se incorporaron como Estados asociados: Colombia, Perú, Ecuador, Guyana y Surinam. La República Bolivariana de Venezuela se incorporó como miembro de la institución.

MODO EN EL TRANSPORTE: sistema mediante el cual se trasladan las mercaderías.

MOMENTO IMPONIBLE: fecha del registro de la correspondiente solicitud de destinación de exportación para consumo, es decir, la fecha de oficialización del permiso de embarque. Se determina a los efectos de la legislación de los derechos de exportación y de los demás tributos que gravan la exportación para consumo. Son de aplicación el régimen tributario, la alícuota, la base imponible y el tipo de cambio. ◆ El momento imponible es una fecha. En el caso de las exportaciones, es el momento imponible como la fecha del registro de la correspondiente solicitud de exportación para consumo, es decir la fecha de oficialización del permiso de embarque. Se determina a los fines de la liquidación de los derechos de exportación y de los demás tributos que gravaren la exportación para consumo, de aplicación el régimen tributario, la alícuota, la base imponible y el tipo de cambio para la conversión de la moneda extranjera en moneda nacional de curso legal. Es decir que la fecha de registro de la destinación de exportación definitiva a consumo (momento imponible) fijará: el tipo de cambio a aplicar, la alícuota de los derechos a aplicar en la operación de exportación, la normativa a aplicar en la operación de exportación.

MONEDA: signo representativo del precio de los bienes y servicios. Generalmente dinero.

MONEDA EXTRANJERA: billetes o monedas de países extranjeros, cualesquiera que sean su denominación o característica y cualquier documento en que conste una obligación en moneda extranjera. También las especies en oro y los títulos representativos del acto o contrato que origine la operación *(G. Plott).*

MONTO A INTERÉS COMPUESTO: se aplica cuando los intereses producidos por la inversión al final de cada período de capitalización al cual se refiere la tasa de interés se adicionan o acumulan al valor inicial de la inversión para generar nuevos intereses.

MONTO A INTERÉS SIMPLE: valor final de una inversión que comprende el capital inicial más los intereses producidos por dicho capital.

MORATORIA: perdón temporario de la amortización de una deuda a fin de permitir al deudor solucionar una situación de falta de fondos. El pago de interés puede continuar o suspenderse.

MUESTRA REPRESENTATIVA: porción, parte, ejemplar o modelo de mercadería que se utiliza a los efectos de realizar una valoración de calidad o valor de la misma.

MUESTRAS: objetos representativos de una categoría específica de mercadería cuya finalidad es la destinación a exhibiciones o demostraciones con el fin de pro-

mocionar los productos y facilitar su comercialización.

MUESTRAS CON VALOR COMERCIAL: las que mantienen intacta su condición de mercadería, pero no obstante, en razón de la concurrencia de factores extrínsecos comprobables, se sabe que no serán comercializadas sino utilizadas para demostración, modelo o prueba.

MUESTRAS SIN VALOR COMERCIAL: mercaderías sin costo alguno para consignatario, con la finalidad de demostrar sus características y que carezcan de todo valor comercial en carácter de muestras y leyendas que así las identifican o que han sido inutilizadas de alguna manera para evitar su comercialización interna ◆ Cualquier mercancía a producto importado o exportado bajo esa condición con la finalidad de demostrar sus características y que carezca de todo valor comercial y, ya sea por que no lo tiene o por sus cantidad, peso, volumen u otras condiciones de presentación, o porque ha sido privado de ese valor mediante operaciones físicas de inutilización que eviten toda posibilidad de ser comercializadas ◆ Las que están inutilizadas físicamente y las constituidas por piezas sueltas que no admitan posibilidad alguna de comercialización o recupero.

MUESTREO: acción de escoger muestras representativas de la calidad o las condiciones medias de un todo. Técnica empleada para esta selección. ◆ Selección de un pequeña parte estadísticamente determinada, utilizada para inferir el valor de una o varias características del conjunto. ◆ Proceso que se utiliza para determinar una muestra representativa que permita concluir sobre los hallazgos obtenidos en el universo de transacciones y saldos.

MULTA: sanción tradicional al régimen infraccional aduanero y consiste en el pago de una suma de dinero impuesta coactivamente por resolución o sentencia firme. ◆Sanción pecuniaria por infracción de diversas disposiciones legales contenidas dentro del ordenamiento legal aduanero.

MULTIPLICADOR DE LAS EXPOR-TACIONES: resultado neto que ejerce sobre el ingreso nacional en determinado aumento de las exportaciones al producirse una modificación en el comercio internacional.

$$MCE = \frac{\text{Incremento del ingreso nacional}}{\text{Incremento de las exportaciones}}$$

Además, es inverso a la propensión marginal a la importación.

N

NABALALC: nomenclatura arancelaria común de la Asociación Latinoamericana de Libre Comercio (ALALC). Basada en la Nomenclatura Arancelaria del Consejo de Cooperación Aduanera, desdoblada en posiciones conforme al interés del comercio de los estados miembros de la ALALC, entre sí y con el resto del mundo.

NACIONALIZACIÓN: proceso mediante el cual son transferidos a manos nacionales de un país determinados servicios (o bienes o títulos) que se hallaban en poder de extranjeros. En el caso de la actividad aseguradora, se refiere también a los reaseguros. Acción mediante la cual pasan a manos nacionales de un país bienes o títulos de la deuda del Estado o de empresas particulares que se encontraban en poder de extranjeros.

NACIMIENTO DE LA OBLIGACIÓN TRIBUTARIA ADUANERA: la obligación tributaria aduanera nace:

1) al momento de la aceptación de la declaración de mercancías, en los regímenes de importación o exportación definitiva y sus modalidades; 2) al momento en que las mercancías causen abandono tácito; 3) en la fecha: a) de la comisión de la infracción aduanera penal; b) del comiso preventivo, cuando se desconozca la fecha de comisión; o c) en que se descubra la infracción aduanera penal, si no se pueda determinar ninguna de las anteriores, y 4) cuando ocurra la destrucción, pérdida o daño de las mercancías, o en la fecha en que se descubra cualquiera de tales circunstancias, salvo que éstas se produzcan por caso fortuito o fuerza mayor. (CAUCA).

NAFTA: tratado de libre comercio entre los EE.UU., México y Canadá.
◆ Ver **Tratado de Libre Comercio de América del Norte.**

NANDINA: nomenclatura arancelaria común de los Países Miembros de la Comunidad Andina; está basada en el Sistema Armonizado de Designación y Codificación de Comisión de la Comunidad Andina. Es aplicada a la totalidad de los productos y del comercio de cada uno de los países miembros de la Comunidad Andina.

NAUCA: Nomenclatura Arancelaria Uniforme Centroamericana.

NO GRAVADO: todo lo que está fuera del ámbito del impuesto y, por lo tanto, excluido de tributación.

NO IMPONIBLE: monto que se establece para no tributar un impuesto.

NO RESIDENTES: personas físicas o jurídicas tratadas como extranjeras para el Fisco, las autoridades monetarias, etcétera.

NOMENCLATURA ARANCELARIA: principios que constituyen la nomenclatura en la cual se establecen las mercancías y las reglas que permiten realizar una interpretación jurídica uniforme.

NOMENCLATURA ARANCELARIA UNIFORME CENTROAMERI-CANA: constituye la clasificación oficial de las mercancías que contiene el Arancel Centroamericano de Importación. Adoptada por: Guatemala, Honduras, El Salvador, Nicaragua y Costa Rica. ◆ NAUCA.

NOMENCLATURA DEL CONSEJO DE COOPERACIÓN ADUANERA: nómina de productos producidos y comercializados por todos los países adherentes al Acuerdo General de Precios y Tarifas (GATT), los cuales tienen un número de posición en la lista a los efectos de facilitar su identificación en el comercio internacional. ◆ Ver **GATT**; **Organización Mundial del Comercio.**

NORMA DE ORIGEN: certificado de origen.

NORMAS ISO: ver **ISO.**

NORMAS DE DERECHO INTERNA-CIONAL TRIBUTARIO: aquellas destinadas a regular la actuación de los estados, en materia tributaria, en el amplio espacio internacional y que normalmente se basan en los distintos convenios entre los estados. ◆ Aquellas dirigidas a la calificación y a la localización de los elementos extraños de los hechos descriptos en las hipótesis de incidencia de las normas tributarias, y a definir los criterios de conexión con el propio sistema para la posterior incidencia de tales normas (*J. Bravo Cucci*).

NOTA DE CRÉDITO: documento que emite el vendedor de bienes o prestador de servicios por modificaciones posteriores en las condiciones de venta originalmente pactadas, es decir, para anular operaciones, efectuar devoluciones, conceder descuentos y bonificaciones, subsanar errores o casos similares, de conformidad con los plazos establecidos por las normas tributarias vigentes *(Código Tributario de la República Dominicana)*.◆ Documento utilizado para documentar un registro en el crédito de una cuenta que, por lo general, es a favor de un tercero, como por ejemplo en la cuenta de un cliente, en la que se le acredita una devolución, un descuento, un error de facturación, etc.◆ Este comprobante se emite en la cantidad de copias necesarias para su envío al tercero interesado y las requeridas por la administración de la empresa. Debe cumplir con todos los requisitos exigidos por la Administración Tributaria.◆ Nota de abono.

NOTA DE DÉBITO: comprobante en el que se documenta un débito en una cuenta, ya sea por un error, omisión u otros conceptos (fletes, intereses, sellados) a cargo del comprador.◆ Se suele hacer en las cuentas a cobrar. Por ejemplo, cuando se debita a un cliente un ajuste de precio, un cargo por gasto, intereses, etcétera.◆ Documento mercantil que una empresa envía a un cliente mediante el cual le comunica haber debitado en su cuenta determinado importe por la causa o motivo expresado en él. Debe cumplir con todos los requisitos exigidos por la Administración Tributaria.◆ Documento que emiten los vendedores de bienes y/o prestadores de servicios para recuperar costos y gastos, tales como intereses por mora, fletes u otros, en los que incurre el vendedor con posteridad a la emisión de comprobante final. Sólo puede ser emitida al mismo adquiriente o usuario para modificar comprobantes fiscales emitidos con anterioridad *(Código Tributario de la República Dominicana).* ◆ Nota de cargo.

NOTA DE TARJA: documento que se formaliza entre el transportista o su representante con el responsable de los almacenes aduaneros o con el dueño o consignatario, durante la verificación de lo consignado en los documentos de transporte contra lo recibido físicamente, registrando las observaciones correspondientes.

NUMERACIÓN: acción mediante la cual se numera y fecha la operación o régimen aduanero de acuerdo con la mercancía.

O

OBLIGACIÓN ADUANERA: aquella constituida por el conjunto de obligaciones tributarias y no tributarias que surgen entre el Estado y los particulares, como consecuencia del ingreso o salida de mercancías del territorio aduanero. Está constituida por los tributos exigibles en la importación o exportación de mercancías.

OBLIGACIÓN FISCAL: responsabilidad que tiene un contribuyente ante el organismo recaudador. ◆ Obligación tributaria.

OBLIGACIÓN SOLIDARIA: obligación contractual de varios deudores en la cual cada uno es responsable ante el acreedor por el total de la deuda.

OBLIGACIÓN TRIBUTARIA: una obligación es una relación jurídica entre dos personas que tiene como consecuencia que una parte (acreedor) está facultada para exigir de la otra (deudor) el cumplimiento de una prestación. Con esta figura jurídica puede encuadrarse, sin esfuerzo, la relación tributaria fundamental. Ésta consiste en el derecho del Estado a exigir de una persona concreta esa prestación, a la que designamos "tributo" (*A. Hensel*).◆ Como hecho jurídico, es una relación jurídica que importa un deber jurídico de prestación de dar una suma de dinero con carácter definitivo de un sujeto deudor a favor de otro acreedor (quien en contraposición tiene un derecho subjetivo o crédito tributario), cuya causa fuente es la incidencia de una norma jurídica en sentido estricto ante la ocurrencia en el plano fáctico de un supuesto de hecho previsto en la hipótesis de incidencia de dicha norma. Es un deber jurídico de prestación que no deviene de la voluntad del deudor tributario (*ex voluntate*) sino de un fundamento externo a la misma: una norma jurídica y un hecho imponible *(ex lege)* (*J. Bravo Cucci)*.◆ Vínculo jurídico en virtud del cual un sujeto deudor (el contribuyente) debe a otro sujeto acreedor (el Estado), que ejerce la potestad del poder tributario por imperio de la Constitución Nacional y de la ley, sumas de dinero o cosas determinadas por ley que se extingue con el pago del respectivo tributo.◆ Vínculo jurídico entre dos sujetos: el sujeto activo, denominado Estado y el sujeto pasivo, llamado responsable. Dicho vínculo nace cuando se verifica el hecho imponible y se extingue con el pago del tributo. Resulta de una acción coercitiva por parte del Estado, quien la establece unilateralmente en virtud de su poder de imperio o poder tributario. Es decir, es una obligación de dar, generalmente, sumas de dinero. En síntesis, es una relación de Derecho Público que produce la obligación fundamental de dar sumas de dinero y otras obligaciones secundarias llamadas deberes formales.◆ Vínculo jurídico entre el acreedor, llamado "sujeto activo" y el deudor, llamado "sujeto pasivo", cuyo objeto es el cumplimiento de una prestación tributaria, coactivamente exigible. Cuando se verifica el hecho imponible automáticamente en ese momento nace esta "obligación tributaria". ◆ Obligación de derecho público en virtud de la que el Estado u otra persona de derecho público exige el pago de tributos *(Araujo Falcao)*. ◆ Una obligación es una relación jurídica entre dos personas que tiene como consecuencia que una parte (acreedor) está facultada para exigir para exigir de la otra (deudor) el cumplimiento de una prestación. Con esta figura jurídica puede encuadrarse, sin esfuerzo, la relación tributaria fundamental. Ésta consiste en el derecho del Estado a exigir de una persona concreta esa prestación, a la que designamos "tributo" *(A. Hensel)*. ◆ Obligación fiscal.

OBLIGACIÓN TRIBUTARIA ADUANERA: obligaciones que deben cumplir los operadores de comercio exterior, de tipo formal o substancial, generadas por su participación directa o indirecta en operaciones, regímenes y destinaciones aduaneras.

OBLIGACIONES DEL COMPRADOR: obligaciones que se pueden sintetizar de la siguiente manera: a) Pago del precio: el comprador debe pagar el precio según lo dispuesto en el contrato de compraventa; b) Licencias, autorizaciones y formalidades: el comprador debe obtener, a su propio riesgo y expensas, cualquier licencia de importación u otra autorización oficial y realizar, cuando sea pertinente, todos los trámites aduanero para la importación de las mercancías, y si es necesario, para su tránsito por cualquier país.

OBLIGACIONES DEL VENDEDOR: obligaciones que se pueden sintetizar de la siguiente manera: a)

Suministro de las mercaderías y la factura comercial, o su mensaje electrónico equivalente, de acuerdo con el contrato de compraventa y cualquier otra prueba de conformidad que pueda exigir el contrato y b) Licencias, autorizaciones y formalidades: el vendedor debe obtener, a su propio riesgo y expensas, cualquier licencia de exportación u otra autorización oficial y llevar a cabo, cuando sea pertinente, todos los trámites aduaneros necesarios para la exportación de las mercaderías.

OCDE: ver **Organización para la Cooperación y el Desarrollo Económico.**

OEA: ver **Organización de Estados Americanos.**

OEA: ver **Operador Económico Autorizado.**

OFERTA: cantidad de bienes y servicios disponibles en un mercado a un determinado precio menor y en ciertas condiciones ventajosas.

OFICINA REGIONAL DE FORTALE-CIMIENTO DE CAPACIDADES: ORFC. ◆ Es el enlace con la OMA en la Región de las Américas y el Caribe con el objeto de identificar las necesidades de la Región y para implementar un Plan de Acción que respalde los actuales procesos de modernización de la gestión aduanera. Esta institución se inauguró en Buenos Aires, Argentina, el 9 de noviembre de 2007, y su misión fundamental es asistir y supervisar a las Aduanas de la Región de las Américas, coordinando sus programas de fortalecimiento de capacidades a nivel regional, en línea con la estrategia de fortalecimiento de capacidades de la OMA. Los valores que pueden ayudar a alcanzar los objetivos son: compromiso, idoneidad, responsabilidad y proactividad.

OMA: Organización Mundial de Aduanas. ◆ Institución que cuenta con la participación de 166 Administraciones Miembros que representan el 99% del comercio mundial, siendo constituida en 1952 con competencia exclusiva en el ámbito aduanero, cuya finalidad es alcanzar y profundizar la eficacia y la eficiencia de las aduanas. El Marco Normativo de la OMA consta de cuatro elementos: 1) el Marco armoniza los requisitos relativos a la información electrónica previa sobre los envíos destinados al interior y al exterior o que están en tránsito; 2) cada país que adopte el Marco se compromete a utilizar un enfoque coherente de análisis de riesgos para abordar las cuestiones relacionadas con la seguridad; 3) el Marco estipula que, ante una petición razonable del país de destino basada en una metodología comparable de detección de riesgos, la Administración de Aduanas del país de despacho llevará acabo una inspección de los contenedores y de la carga de alto riesgo destinados al exterior, de preferencia utilizando equipos de detección no invasivos tales como máquinas de rayos X de gran potencia y detectores de radiación; 4) el Marco define las ventajas que obtendrán de las Aduanas los medios comerciales que cumplan las normas mínimas relativas a la seguridad de la cadena logística y que apliquen las mejores prácticas.

OMI: ver **Organización Marítima Internacional.**

OMC: Organización Mundial del Comercio.◆ Organismo creado por el acuerdo de Marrakech suscripto el 15 de abril de 1994 y vigente desde el 01 de enero de 1995.◆ Ver **GATT**; **Organización Mundial del Comercio.**

ONU: ver **Organización de las Naciones Unidas.**

OPERACIONES DE EXPORTACIÓN POR CUENTA Y ORDEN DE TERCEROS: aquellas encomendadas por el propietario de la mercadería a mandatarios, consignatarios u otros intermediarios para que efectúen la venta de los bienes al exterior por cuenta y orden del mencionado propietario. Reviste el carácter de intermediación la intervención de quien documenta aduanera, por cuenta del tercero exportador, las operaciones descriptas en el párrafo anterior, en tanto no exista transferencia de dominio de los bienes.

OPERACIONES TRIANGULARES GENÉRICAS: las que contemplan la compra de mercancías en terceros países para su venta inmediata, también en un tercer país. Concepto que se utiliza dentro de la Unión Europea, las mercancías no permanecen en el ámbito del territorio aduanero de la Unión Europea, y si lo hacen en un depósito franco hasta el momento de su reexpedición.

OPERADOR DE TRANSPORTE MULTIMODAL: persona que celebra un contrato de transporte multimodal y asume ante el consignante la responsabilidad del transportista por su plena ejecución, pudiendo coincidir con el operador del transporte multimodal.

OPERADOR ECONÓMICO AUTORIZADO: parte involucrada en el movimiento internacional de mercancías, cualquiera sea la función que haya asumido o en nombre de una Administración de Aduanas nacional y que cumpla las normas de la OMA o normas equivalentes de seguridad de la cadena logística. Los Operadores Económicos Autorizados incluyen, entre otros, a fabricantes, importadores, exportadores, corredores de comercio, transportistas, agrupadores, intermediarios, puertos, aeropuertos, operadores de terminales, operadores integrados, almacenistas y distribuidores. ◆ OEA.

OPERATORIA DE IMPORTACIÓN: proceso que se inicia con el arribo y descarga del medio transportador.

ORDEN DE PAGO DOCUMENTARIA: aquella por la que un comprador (importador) de un país determinado ordena a su banco que pague a un vendedor (exportador) ubicado en otro país, una determinada cantidad de dinero (divisas), contra la entrega de un documento previamente estipulado. *(A. Fratalocchi)*

ORDEN DE PAGO SIMPLE: solicitud que cursa una persona a su banco a fin de que éste (directamente) o su corresponsal (indirectamente) abone a un tercero (beneficiario) o ponga su disposición, una determinada cantidad de dinero indicando el concepto del pago *(A. Fratalocchi)*.

ORGANIZACIÓN DE AVIACIÓN CIVIL INTERNACIONAL: OACI.◆ Creada en 1947, tiene como misión principal la consecución de los siguientes fines: 1) lograr el crecimiento ordenado y seguro de la aviación civil internacional; 2) alentar el diseño y el funcionamiento de aeronaves con objetivos pacíficos; 3) apoyar el desarrollo de redes aéreas, aeropuertos y servicios de navegación aérea; 4) satisfacer la necesidad del público internacional de contar con sistemas de transporte aéreos seguros, regulares, eficientes y económicos.

ORGANIZACIÓN DE ESTADOS AMERICANOS: OEA. ◆ Organización internacional de ámbito regional y continental creada en 1948. Está compuesta por: Antigua y Barbuda, Argentina, Bahamas, Barbados, Bélice, Bolivia, Brasil, Canadá, Chile, Colombia, Costa Rica, Dominica, Ecuador, El Salvador, Estados Unidos de América, Granada, Guatemala, Guyana, Haití, Honduras, Jamaica, México, Nicaragua, Panamá, Paraguay, Perú, Saint Kitts y Nevis, Santa Lucía, San Vicente y Las Granadinas, Suriname, Trinidad y Tobago, Uruguay, República Bolivariana de Venezuela, República Dominicana y Cuba (en proceso de diálogo).

ORGANIZACIÓN DE LAS NACIONES UNIDAS: fundada en 1945 en San Francisco, California, EE.UU. En la actualidad tiene 193 estados miembros, en general son casi todos los países soberanos y además 3 miembros en calidad de observadores: Ciudad del Vaticano, Malta y Palestino. Su sede se encuentra en Nueva York, EE.UU. La Carta de las Naciones Unidas es el tratado internacional fundador del organismo. Establece las obligaciones de las Naciones Unidas por encima de las demás obligaciones del tratado.

ORGANIZACIÓN DE LAS NACIONES UNIDAS PARA LA AGRICULTURA Y LA ALIMENTACIÓN: Food and Agriculture Organization (FAO). ◆ Organismo de las Naciones Unidas creado en 1945 y encargado de ocuparse de la alimentación y la agricultura. Se rige por una Conferencia compuesta por un miembro de cada Nación que se reúne cada dos años. Desde 1951 tiene su sede en Roma (Italia). Su objetivo es resolver o atenuar los problemas de la alimentación en los países menos desarrollados mediante la investigación y la concesión de ayuda directa.

ORGANIZACIÓN MARÍTIMA INTERNACIONAL: OMI. ◆ Organismo especializado, creado en 1958, que proporciona mecanismos de cooperación e intercambio de información entre los gobiernos sobre aspectos técnicos del transporte marítimo relacionado con el comercio internacional.

ORGANIZACIÓN MUNDIAL DE ADUANAS: organismo internacional que se ocupa de las políticas aduaneras, de fomentar los convenios internacionales y de colaborar estrechamente con la Organización Mundial del Comercio. Esta organización se creó en diciembre de 1952 con la denominación Consejo de Cooperación Aduanera, pero en 1994 se modificó la denominación y se adoptó la precitada. ◆ Ver OMA; Consejo de Cooperación Aduanera.

ORGANIZACIÓN MUNDIAL DEL COMERCIO: OMC. ◆ Organismo creado por el Acuerdo de Marrakech, suscripto el 15 de abril de 1994 y vigente desde el 1 de enero de 1995. Se ocupa de las normas que rigen el comercio entre los países. Su principal función es velar porque el comercio se realice de la manera más fluida posible. Suplanta al GATT a partir del 1 de enero de 1995. Única organización internacional que se ocupa de las normas que rigen entre los países. La base son los acuerdos de la Organización. Su sede se encuentra en Ginebra, Suiza. Quedó establecida el 1 de enero de 1995, como consecuencia de las negociaciones de la Ronda Uruguay (1986-1994). Está constituida por 159 países y sus funciones son: 1) administrar los recursos comerciales de la Organización; 2) foro para negociaciones comerciales; 3) tratar de resolver las diferencias comerciales; 4) supervisar las políticas comerciales nacionales; 5) asistencia técnica y cursos de formación para los países en desarrollo; 6) cooperación con otras organizaciones internacionales.

En general, es esencialmente una organización a la que acuden los gobiernos miembros para solucionar los inconvenientes que surjan entre ellos. La cooperación técnica es una tarea fundamental de la organización dedicada a ayudar a los países en desarrollo a actuar con éxito en el sistema multilateral de Comercio. ◆ Ver **GATT**.

ORGANIZACIÓN PARA LA COOPERACIÓN Y EL DESARROLLO ECONÓMICO: surge para administrar los fondos del Plan Marshall y se convierte en un instrumento multilateral que promueve el máximo encuentro económico entre sus integrantes y la mayor apertura al comercio y a la inversión internacionales. La convención de creación de este organismo, que fue creado en París el 14 de diciembre de 1960 y que entró en vigencia el 30 de septiembre de 1961, se fijó como objetivos: 1) alcanzar una expansión económica lo más fuerte posible con un incremento progresivo del nivel de vida en los países miembros; 2) contribuir al incremento del comercio mundial sobre una base multilateral y no discriminatoria. Los miembros actuales son 34: Alemania, Australia, Austria, Bélgica, Canadá, Chile, República Checa, Dinamarca, Estonia, Finlandia, Francia, Grecia, Hungría, Islandia, Irlanda, Israel, Italia, Japón, Corea, Luxemburgo, México, Países Bajos, Nueva Zelanda, Noruega, Polonia, Portugal, República Eslovaca, Eslovenia, España, Suecia, Suiza, Turquía, Reino Unido y Estados Unidos.

ORIGEN: mercadería totalmente producida en un país determinado.

ORIGEN DE LAS MERCADERÍAS: país de origen, aquel en el cual se produjeron o elaboraron las mercancías.

P

PACOTILLA: producto, nuevo o usado, que un tripulante de un medio de transporte puede utilizar o para obsequiar siempre que se trate de cantidades y/o valores razonables.

PAGO CONTADO INMEDIATO: pago en el mismo acto de remitir la mercadería. ◆ Pago contra entrega.

PAGO DIFERIDO: pago que se efectúa dentro de una determinado período con o sin intereses. ◆ Pago a plazo.

PAÍS: también se utiliza lugar de procedencia de las mercaderías en el caso de importación, el país o lugar del cual hubieran sido expedidas originalmente con destino final a la República, aún cuando en el trayecto se realizaran tránsitos por terceros países, con o sin transbordos, para continuar dicho trayecto.

PAÍS DE DESTINO: país al cual se realiza una exportación.

PAÍS DE ORIGEN: aquel en el cual se fabrica un producto. ◆ Lugar en el cual la mercadería objeto de exportación o de importación hubiese nacido, criado, extraído, manufacturado, transformado, perfeccionado o fabricado.

PAÍS DE PROCEDENCIA: aquel en el cual se ha embarcado una mercadería importada. ◆ País o lugar del cual se expidió la mercadería con destino final al de importación.

PAÍSES FRONTERIZOS: pasos internacionales fronterizos que unen a dos o más países.

PALETA: ver **Pallet.**

PALLET: unidad de carga en el transporte internacional, que específicamente se trata de una especie de plataforma para agrupar, almacenar y transportar los correspondientes mercaderías. ◆ Paleta.

PALLETIZACIÓN: operatoria que consiste en la combinación o agrupación de bultos de menor tamaño para ser manejado como una sola unidad para un determinado volumen de carga *(R. D. Bloch)*.

PARAFISCALIDAD: exacción obligatoria, operada en provecho de organismos públicos o asociaciones de interés general, por medio de los mismos organismos, o de la administración y que, no integrado en el presupuesto general del Estado, se destinan a financiar ciertos gastos de dichos organismos. ◆ Recursos originados en prestaciones pecuniarias exigidas por entes públicos con el objeto de financiar una determinada actividad y tales ingresos.

PARAÍSO FISCAL: país o territorio que atribuye a personas físicas o colectivas ventajas fiscales susceptibles de evitar la tributación en su país de origen o de beneficiarse de un régimen fiscal más favorable que el de ese país, sobre todo en materia de impuestos sobre la renta y sobre las sucesiones. Los paraísos fiscales sirven esencialmente para tres fines: funcionan como almacén para inversiones pasivas a través de depósitos de capital, ofrecen una localización donde los rendimientos específicos pueden ser ficticiamente colocados y permiten que los negocios de los contribuyentes, particularmente sus cuentas bancarias, sean puestos fuera de la verificación de las administra-

ciones fiscales. De acuerdo con el informe de la OCDE de 1998, los trazos para identificar un país como paraíso fiscal son: 1) que el país no imponga tributación o lo haga de forma puramente nominal, que sea visto como ofreciendo condiciones para ser usado por los no residentes para evadir el Fisco en el país de su residencia; 2) que existan leyes o prácticas administrativas que impidan el efectivo intercambio de informaciones con otros gobiernos sobre contribuyentes beneficiarios de esa baja tributación; 3) que exista falta de transparencia relativa a su funcionamiento o que permita prácticas ilegales, como el lavado de dinero o evasión fiscal; 4) que no se exija que las actividades económicas desarrolladas en el territorio sean substanciales o que conduzcan a la atracción de inversiones por razones meramente fiscales.◆ Se utiliza para describir al país o localidad que no aplica ningún impuesto sobre la renta o ganancias, o que aplica una tasa de impuesto relativamente baja en comparación con las tasas de impuestos normalmente empleadas en los principales países industrializados, o que ofrece alguna particularidad en sus leyes tributarias que asigne tratamiento favorable a personas o transacciones específicas.◆ Países que imponen bajos o ningún impuesto a las operaciones que ellos realizan, y que mantienen el secreto financiero que protege al inversionista de eventuales investigaciones de fiscos extranjeros y penalidades de orden civil o criminal para con los empleados que violen el secreto (*A. López).*◆ En general, se ha aceptado que el paraíso o refugio fiscal representa a un país o jurisdicción en el que: 1) no hay impuestos, 2) hay impuestos, pero a tasas relativamente bajas, 3) los impuestos se aplican solamente a las bases impositivas internas, pero no se aplican –o se aplican a tasas bajas– a las utilidades de fuente extranjera, 4) se otorgan privilegios tributarios especiales a ciertos tipos de personas o sucesos imponibles. Estos privilegios o incentivos tributarios especiales pueden ser previstos por el sistema tributario interno o pueden derivarse de una combinación de disposiciones internas y de tratados. A las características mencionadas debemos agregar que existen otros factores de elección por parte de un contribuyente para elegir un país como paraíso tributario, tales como: 1) estabilidad política, económica y de gobierno; 2) que no existan controles sobre cambio de moneda; 3) un sistema jurídico estable que otorgue seguridad jurídica y libre ingreso y salida de los capitales; 4) facilidades de comunicación y transporte, así como servicios profesionales, comerciales y bancarios competentes (*Boletín de la AFIP de la Argentina*). ◆ Refugio fiscal.◆ *Tax haven.*

PARTIDA ARANCELARIA: arancel de aduanas que designa una mercadería específica o afin. Es decir, en otros términos, partidas específicas y genéricas o residuales. ◆ Código numérico que clasifica las mercaderías.

PASAVANTE: documento de navegabilidad exigido por las autoridades mercantes de un país (SENIAT).

PASO EN TRÁNSITO: ejercicio de la libertad de navegación y sobrevuelo por los buques y aeronaves de todos los estados, exclusivamente para los fines del tránsito rápido e ininterrumpido por cualquiera de los estrechos utilizados para la navegación internacional entre una parte de la alta mar o de una zona económica exclusiva.

PASO FRONTERIZO: paso internacional fronterizo que une a distintos países.

PECUNIA: moneda o dinero.

PEDIMENTO ADUANAL: documento fiscal donde el contribuyente declara la importación, que permite, legalmente, la internación o salida de las mercaderías. En él se establece, entre otros, la base gravable de los impuestos al comercio exterior, la información que permite la identificación de las mercaderías, las fechas, las facturas, los operarios, los destinatarios, los remitentes, el Agente Aduanal, las cantidades, los valores de registro de entrada, los medios de transporte, etcétera.

PERCEPCIÓN: actividades relativas al ingreso de los fondos a las arcas fiscales.

PERÍMETRO LIBRE: espacio físico en el cual puede importarse productos para consumo o para su reexportación sin pago de aranceles o derechos.

PERMISO DE ADUANA: documento mediante el cual se detallan las mercaderías y las normas y/o pautas aduaneras e impositivas.

PERSONA: todo ente susceptible de adquirir derechos y contraer obligaciones.

PERSONA DE EXISTENCIA VISIBLE: todo ente que presenta signos característicos de humanidad, sin distinción de cualidades o accidentes. ◆ Persona física.◆ Persona natural.

PERSONA JURÍDICA: todo ente susceptible de adquirir derechos y contraer obligaciones que no sea persona de existencia visible.◆ Persona de existencia ideal.

PERSONAS FÍSICAS O NATURALES: para los efectos tributarios, son las que obtienen renta de su trabajo personal o de actividades comerciales tales como: 1) los profesionales liberales (abogados, ingenieros, médicos, contadores y todos los profesionales que no reciban salarios en relación de dependencia); 2) las personas con múltiples ingresos; 3) los negocios de único dueño; 4) propietarios o arrendatarios que exploten terrenos; 5) prestadores de servicios y otras ocupaciones lucrativas.

Además, las personas con ingresos por concepto de: 1) alquiler o arrendamiento de inmuebles; 2) préstamos hipotecarios, prendarios y sin garantías; 3) locación de muebles y derechos. *(Dirección General de Impuestos Internos de la República Dominicana).*

PERSONERÍA JURÍDICA: reconocimiento como sujeto de derecho que el Estado otorga a una sociedad, una fundación, una asociación civil, sobre la base de la aprobación de su estatuto y el sometimiento a su contralor.

PESO BRUTO: peso de la totalidad de una mercadería con su embalaje correspondiente.

PESO NETO: peso exclusivamente de una mercadería. No se incluye su envase y/o embalaje..

PETRODÓLARES: fondos procedente de países productores de petróleo, exceptuados los EE. UU. y Gran Bretaña. ◆ Dólares ganados con la venta de petróleo.

PLATAFORMA CONTINENTAL: comprende el lecho y el subsuelo de las áreas submarinas que se extienden más allá de su mar territorial y a todo lo largo de la prolongación natural de su territorio hasta el borde exterior del margen continental o bien hasta una distancia de 200 millas marinas contadas desde las líneas de base a partir de las cuales se mide la anchura del mar territorial, en los casos en que el borde exterior del margen continental no llegue a esa distancia *(Convención de las Naciones Unidas).*

PLAZAS FINANCIERAS "OFF SHORE": originariamente, expresión utilizada para los mercados emergentes del Caribe. En la actualidad, se utiliza para referirse a los centros financieros internacionales que ofrecen transacciones financieras con ventajas para quienes las realizan debido, fundamentalmente, a la legislación fiscal y a la libertad de entrada y salida.◆ Paraísos fiscales.

PODER TRIBUTARIO: facultad del Estado en virtud de la cual puede imponer a los particulares la obligación de aportar una parte de su riqueza para el ejercicio de las atribuciones que le están encomendadas (M. Valdés Villareal). ◆ Ver **Potestad tributaria.**

POLÍTICA ARANCELARIA: rama de la política fiscal que se ocupa de establecer mediante un conjunto de normas los aranceles del comercio exterior, en función de los objetivos de la política económica vigente.

PÓLIZA: documento en el que se hacen constar las diversas condiciones de un contrato de seguro.

PÓLIZA DE SEGURO: documento mediante el cual se certifica la cobertura de la mercadería por eventuales riesgos derivados de su transporte internacional.

POR PODER: con intervención de un apoderado.

PORCENTAJE: tanto por ciento.◆ Cantidad de rendimiento útil que dan cien unidades de alguna cosa en su estado normal.

PORTADOR: modo de emitir un documento financiero por el cual su tenedor, que es el portador, puede ejercer los derechos inherentes a su tenencia. Estos documentos son emitidos sin indicación alguna de destinatario y su transmisión es por simple entrega.◆ Que lleva o trae alguna cosa de un lugar a otro.

POSICIÓN ARANCELARIA: código numérico por el cual se clasifica cada mercadería. Normalmente está constituido por cuatro pares de dígitos o más. Los primero dos pares de dígitos tienen vigencia internacional. El resto responde a la codificación interna de cada país. ◆

Disposición que tiene la mercadería dentro de un nomenclador para la clasificación de misma en los aranceles aduaneros. Por ejemplo: Nomenclatura Común del Mercosur.◆ Descripción arancelaria.

POTESTAD ADUANERA: conjunto de derechos, atribuciones y competencias que posee la autoridad aduanera a los efectos de ejercer su actividad.◆ Conjunto de facultades y atribuciones que tiene la autoridad aduanera para controlar el ingreso, permanencia, traslado y salida de mercancías, hacia y desde el territorio aduanero nacional, y para hacer cumplir las disposiciones legales y reglamentaciones que regulan las regímenes aduaneros.

POTESTAD TRIBUTARIA: facultad que tiene el Estado de crear unilateralmente tributos, cuyo pago será exigido a las personas sometidas a su competencia especial. ◆ Poder de establecer impuesto o prohibiciones de carácter fiscal.

PRECINTO ADUANERO: consiste en una ligadura utilizada para garantizar la inviolabilidad de la carga contenida en camiones, contenedores, etc., con el fin de que los mismos no sean abiertos sino cuando y por quien corresponda legalmente, a efectos de evitar potenciales atentados que pudieren sufrir de los productos contenidos en aquellos.◆ Marchamo.

PRECIO: precio de referencia para el cálculo de cierto gravámenes a la importación. ◆ Valor expresado en signos monetarios. ◆ Valor de un bien o derecho expresado en dinero.

PRECIO DE FRONTERA: unidad de precio de un bien comercializado en la frontera de un país. Por ejemplo, en el caso de las exportaciones, el precio es FOB.

PRECIO DE TRANSFERENCIA: valor del pago (precio) que se pacta y realiza entre sociedades vinculadas de un grupo empresarial multinacional, por transacciones de bienes (físicos o inmateriales) o servicios y que pueden ser diferentes a los que hubieran pactado entre sociedades independientes. Dichas transacciones generalmente se refieren a transacciones de mercaderías, marcas, tecnologías, servicios o préstamos efectuados por otra empresa del mismo grupo. Con ello se pretende significar que se están utilizando precios diferentes a los de mercado, de naturaleza artificial y utilizados con la finalidad de que los beneficios obtenidos por el grupo multinacional afloren en unos lugares sí (aquellos con fiscalidad más favorable) y en otros no (los que tienen fiscalidad más elevada) *(C. Herrero Mallol)*.◆ Práctica de fijar el precio de los bienes y servicios que se transfieren entre varios países a los efectos de trasladar (junto con el bien o servicio) utilidades o pérdidas entre dos o más sociedades *(J. Otis Rodner).*◆ Aquel valor efectivo y real de intercambio (precio) que se pacta y realiza entre sociedades vinculadas como consecuencia de transacciones de bienes reales (físicos o intangibles), financieros o de servicios, y que difieren de lo que hubieren pactado sociedades independientes en condiciones normales de mercado *(H. B. Bettinger).*

PRECIO DE VENTA: precio que se percibe por la venta de un bien o servicio.

PRECIO NORMAL: precio vigente al momento de la exportación o importación en una venta de libre concurrencia en el mercado internacional.

PRECIO PAGADO O POR PAGAR: pago total que por las mercaderías importadas, que haya realizado o vaya a realizar el comprador/importador al vendedor/exportador, o en beneficio de éste *(P. G. Pirotta).*

PRECUMPLIDO: destinación que implica la acción de consignar en las destinaciones de exportación, la constancias de las cantidades, de consolidación y/o precintado, que se realiza en forma previa al embarque o iniciación del tránsito de exportación.

PREFERENCIA ARANCELARIA: tipo de desgravación que emerge de la negociación entre los socios comerciales con el objeto de obtener beneficios recíprocos.

PREFERENCIA ARANCELARIA REGIONAL: PAR. ◆ Reducción porcentual de los gravámenes aplicables a las importaciones desde terceros países, que los países miembros se otorgan recíprocamente sobre las importaciones de productos originarios de sus respectivos territorios.

PREFERENCIA BILATERAL: ventaja o primacía para las partes contratantes o miembros de un acuerdo.◆ Ver **Preferencia arancelaria**.

PREFINANCIACIÓN DE EXPORTACIONES: crédito a tasa reducida que se brinda al exportador que realiza ventas de determinados productos con la finalidad de incentivar las exportaciones.

PREIMPORTACIÓN: régimen que permite el reingreso de mercaderías que con anterioridad se exportaron definitivamente.

PRENDA ADUANERA: prenda legal.

PRENDA LEGAL: mercadería sujeta directa o preferentemente al estricto cumplimiento de las obligaciones por el ingreso o salida del territorio nacional. ◆ Prenda aduanera.

PRESCRIPCIÓN: pérdida de derecho de la autoridad competente para exigir el pago de un impuesto por el transcurso del tiempo.◆ Medio anormal de las obligaciones tributarias. El efecto que genera consiste en liberar al deudor, el caso, al contribuyente, de la obligación que tiene a su cargo, por el transcurso del tiempo, es la prescripción liberatoria.

PRESENTACIÓN DE LAS MERCADERÍAS A LA ADUANA: acto mediante el cual se colocan las mercaderías a disposición de la Aduana a los efectos de cumplir con las disposiciones vigentes.

PRESENTACIÓN DE UNA DESTINACIÓN: destinación que realiza el declarante ante el servicio aduanero quien efectúa un examen preliminar de la documentación, con la finalidad de constatar el contenido de la información requerida y se verifica la presencia real de la documentación, la coincidencia de los datos expresados en la Declaración Detallada y los declarados en el sistema y la firma del documentante en el permiso de embarque como en el sobre contenedor. // Con la destinación oficializada el declarante se presenta ante el Servicio Aduanero quien realiza un examen preliminar de la documentación a fin de comprobar que contiene todos los datos exigidos y que se adjunta la documentación complementaria correspondiente, verificando: 1) La presencia real de la documentación comprometida;

2) La coincidencia entre los datos consignados en la Declaración Detallada y los declarados en el sistema; y, 3) La firma del documentante tanto en el permiso de embarque como en el sobre contenedor. Si los controles efectuados resultan conformes, el Servicio Aduanera efectúa la presentación de la Destinación de Exportación y el sistema automáticamente le significará canal de selectividad.

PRESUNCIÓN EN OPERACIONES IINTERNACIONALES: castigo que consiste en crear una presunción, iuris tantum, en el sentido de que toda operación que se relaciona con un país de baja o nula tributación, tributariamente es considerado, como un incremento patrimonial no justificado y, por tanto, sujeto a impuesto *(A. C. Altamirano).*

PRESUNCIONES: implicancias de un hecho conocido que infiere otro hecho desconocido cuya existencia es probable. Permite una presunción inferir hechos desconocidos, partiendo de otros conocidos.

PRINCIPIO DE LAS VENTAJAS COMPARATIVAS: zona, región o país que tiene ventaja en la producción de un bien o servicio, respecto de otro, cuando es capaz de obtenerlo con costos menores debido a la dotación de recursos y el progreso tecnológico. Desde otro punto de vista, son los países que se especializan en la producción de los bienes que pueden fabricar con un costo relativamente menor.

PRINCIPIO DE PAÍS DE DESTINO: consiste en aplicar el impuesto en el país donde se consumen los bienes. Por ello, en el IVA, las exportaciones se encuentran exentas. También es necesario destacar que en muchas legislaciones, están gravadas a tasa cero, y ello significa que el impuesto abonado en etapas anteriores sea recuperado.

PRINCIPIO DE PAÍS DE ORIGEN: consiste en aplicar el impuesto en la Nación donde se producen los bienes. Ello implica incrementar el precio de los bienes exportables y su correspondiente pérdida de competitividad. Este principio no está admitido a nivel internacional

PRINCIPIOS DE LEGALIDAD, BUENA FE Y TRANSPAREN-CIA: normas que rigen para todas las actividades, procedimientos y trámites aduaneros del comercio exterior y dentro del marco de la seguridad jurídica.

PRINCIPIOS DE UNIDROIT: aquellos que establecen reglas generales aplicables a los contratos mercantiles internacionales deben aplicarse cuando las partes hayan acordado someter el contrato a dichas disposiciones, es decir, a las normas emanadas del "Instituto Internacional para la Unificación del Derecho Privado".

PROCEDENCIA: país de donde se envía la mercadería.

PROCEDIMIENTO ADMINISTRA-TIVO ADUANERO: conjunto de actos previstos en la ley aduanera ligados en forma sucesiva y con la finalidad de emitir una resolución condenatoria o absolutoria, respetando las garantías del particular al valorar las probanzas y analizar las argumentaciones que pretenden justificar la importación, tenencia o estancia de las mercancías de procedencia extranjera en el territorio nacional *(SAT)*.

PROCEDIMIENTO TRIBUTARIO: norma de un amplio contenido que agrupa las disposiciones del derecho tributario en sus distintas normas: sustantivo, formal, procesal y penal.

PROCESO PRODUCTIVO: conjunto global de operaciones y transformaciones efectuadas para obtener un producto *(SENIAT)*.

PRODUCTO: todo bien o servicio susceptible de ofrecerse al mercado para su uso o consumo propio con el objetivo de satisfacer una necesidad o un deseo.

PRODUCTO ELABORADO: producto acabado.

PRODUCTO PERECEDERO: producto cuya vida comercial es reducida.

PRODUCTOS COMPENSADORES: mercaderías equivalentes.

PRODUCTOS DE AVITUALLA-MIENTO: productos que salen del territorio aduanero que pueden ser vendidos o no a los pasajeros y/o a su tripulación, Pero lo fundamental es que ingresa al medio para ser consumido a bordo.

PROHIBICIONES ABSOLUTAS: aquellas que impiden la importación o exportación de determinados productos.

PROHIBICIONES ECONÓMICAS: tiene como finalidad establecer barreras a los efectos de proteger el trabajo nacional, por razones de política monetaria, fiscal, etc.

PROHIBICIONES NO ECONÓMICAS: aquellas que se establecen por motivos de diferencia nacional, política, preservación del medio ambiente, de animales, plantas, etc.

PROHIBICIONES RELATIVAS: aquellas que admiten excepciones específicas.

PROPENSIÓN MARGINAL A LA IMPORTACIÓN: variación de las importaciones provocada por una reducida modificación del ingreso nacional.

PROPENSIÓN MEDIA A LA IMPORTACIÓN: relación entre las importaciones y el producto bruto. Se obtiene así por el porcentaje que representan las importaciones sobre la riqueza total creada en el país. En una economía muy diversificada que en gran medida se autoabastece, la propensión media será baja, y es altamente especializada y, por lo tanto, debe recurrir al exterior para obtener una mayor variedad de los bienes que consume, tendrá alta propensión.

PROCEDIMIENTO DE LIQUIDACIÓN: la liquidación de los tributos para una Declaración Aduanera, se efectuará en forma automática por el Sistema Informático SOFIA, excepto aquellas declaraciones realizadas en forma manual y operaciones no contempladas por el mismo (Legislación Aduanera de Paraguay).

PROVEEDORES DE A BORDO: quien embarca la mercadería en el denominado puerto de embarque predeterminado. Es quien debe afrontar el transporte de la mercadería hasta el puerto de embarque (origen), corriendo por su cuenta y orden los riesgos y gastos (AFIP).

PROVISIONES DE A BORDO: mercaderías destinadas al consumo de los pasajeros o miembros de la tripulación a bordo de los medios de transporte.

PRUEBA DOCUMENTARIA: aquella basada en documentos considerados como esenciales para la solución de un litigio.

PUERTO: ámbito espacial que comprende, por el agua: diques, dársenas, muelles, radares, fondeadores, escolleras y canales de acceso y derivación; y por tierra: el conjunto de instalaciones, edificios, terrenos y vías de comunicación indispensables para la normal actividad y desarrollo de la navegación.◆ Lugar situado en la ribera del mar donde se cargan y descargan las naves, o el lugar situado en la desembocadura de un río o costa de mar donde las embarcaciones hallan abrigo contra las tempestades y contra los ataques de las escuadras enemigas.◆ En el sentido aduanero, lugar de la costa marítima, lacustre o fluvial, exterior o interior, habilitado para operaciones aduaneras.◆ Lugar natural o constituido en la costa o en las orillas de un río, defendido de los vientos y dispuesto para detenerse las embarcaciones y para cargas y descargas de mercaderías.

PUERTO ADUANERO: lugar designado por la autoridad aduanera correspondiente a los efectos de realización de las operaciones aduaneras.

PUERTO FRANCO: zona portuaria habilitada para recibir depósitos francos.◆ Puerto libre.

PUERTO LIBRE: territorio aduanero especial en el cual existe absoluta exención impositiva.

PUERTO LIBRE: puerto franco.

PUESTA AL CONSUMO: ver **Importación para consumo.**

PUNTO DE LLEGADA: área de la zona primaria en la cual se realizan todas aquellas operaciones vinculadas con el ingreso de mercancías a un país.

Q

QUIEBRA: estado de insolvencia del deudor en virtud del cual no puede hacer frente a sus obligaciones. Se consideran hechos reveladores de este estado de cesación de pagos: 1) el reconocimiento judicial o extrajudicial de tal estado por parte del deudor; 2) la mora en el cumplimiento de una obligación; 3) la ocultación o la ausencia del deudor o de los administradores de la sociedad en su caso, sin dejar representante con facultades y medios suficientes para cumplir obligaciones; 4) la clausura de la sede de la administración o del establecimiento donde el deudor desarrolle su actividad; 5) la venta a precio vil, ocultación o entrega de bienes en pago; 6) la revocación judicial de actos realizados en fraude a los acreedores; 7) cualquier medio ruinoso a fraudulento empleado para obtener recursos. ◆ Acción y efecto de quebrar un comerciante.

R

RANCHO: lugar específico de las embarcaciones en el cual se aloja a los componentes de la dotación. ◆ Provisiones y objetos destinados a consumir a bordo.

RECARGOS: nuevos cargos que se realizan, por lo general, por incumplimiento o atraso en pagos o falta de cumplimientos.

RECAUDACIÓN FISCAL: acto que realiza un organismo estatal estatal, o el gobierno con la finalidad de utilizar el monto recaudado para financiar las erogaciones inherentes a su funcionamiento y compromiso.

RECIBO: comprobante que se emite para dejar constancia de la recepción de una suma de dinero, sea en efectivo o en cheques, bienes, documentos comerciales. Se extiende en dos o más copias. Los recibos emitidos por cobro de dinero, sea en efectivo o en cheques, deben incluir los datos requeridos por los organismos pertinentes. ◆ Constancia escrita mediante la cual el firmante declara haber recibido de otra persona dinero u otro valor, sea como pago a cuenta, por el saldo total o por cualquier otro concepto también determinado.

RECINTO ADUANERO: parte de un territorio aduanero, donde están ubicados los locales y los predios destinados al servicio de las oficinas de la aduana y sus dependencias (muelles, depósitos, campos de aterrizaje, etc.) y dentro de cuyos límites se realizan las operaciones aduaneras.

RECONOCIMIENTO DE MERCANCÍAS: operación que permite a la Aduana, a través del examen físico de las mercancías, tener la seguridad de que su naturaleza, origen, estado, cantidad y valor coinciden con los puntualizados en la declaración. ◆ Inspección física de las mercancías por parte de la Aduana a fin de cerciorarse de que la naturaleza, el origen, la condición, la cantidad y el valor de las mercancías se encuentran conformes a los detalles suministrados en la declaración de mercancías.

RECURSO: solicitud o petición escrita que concede la ley en un juicio o en otro procedimiento para reclamar contra las resoluciones, ya sea contra la autoridad que la dictó o ante alguna otra.

RECURSO DE NULIDAD: acción contra fallos pronunciados como consecuencia de un procedimiento vicioso, que haya comprometido las garantías sustanciales de la defensa. Generalmente en las distintas legislaciones sólo se puede interponer la apelación presentando el recurso juntamente con la apelación y en el término concebido.

RECURSO TRIBUTARIO: ingreso que percibe el Estado a través de impuestos, contribuciones, tasas, venta de servicios, derechos aduaneros, con el fin de hacer frente a erogaciones que como tal debe realizar. Dentro de estos recursos se encuentran: 1) tasas por prestación de servicios públicos individualizados para el sujeto receptor del servicio; 2) contribuciones especiales, como pagos en concepto de un beneficio obtenido por los sujetos en virtud de una obra o servicio prestado por el Estado; 3) impuestos, tributos o cargas que se fijan sobre los sujetos en virtud de la valorización política de una manifestación de la riqueza objetiva o subjetiva; 4) recurso parafiscal en el cual la administración y la recaudación están a cargo de organismos públicos diferentes de la Administración Fiscal; 5) empréstitos forzosos, creados por fuerza de ley, que obligan a los habitantes a suscribirlos; 6) regalías, que son pagos por derechos de explotación en determinadas áreas productivas, como la extracción de minerales.◆ Recurso cuya creación implica el ejercicio de la potestad tributaria o poder impositivo del Estado.

REEMBARQUE: retorno al exterior de mercaderías extranjeras desembarcadas por error. Solamente es autorizado cuando las mercaderías no se hubiesen destinado a un régimen aduanero, no se encuentran en abandono o no se haya configurado respecto de ellas presunción fundada de infracción penal.◆ Acción material de embarcar nuevamente una mercadería previamente descargada.

REEMBOLSO: devolución de una suma de dinero recibida con anterioridad.◆ Ver **Reembolso fiscal.**

REEMBOLSO DE EXPORTACIÓN: régimen mediante el cual se restituye, total o parcialmente, el monto abonado en concepto de tributos internos y los que se hubiesen pagado en concepto de tributos por la importación para consumo parcial o total de la mercadería que se exporte.◆ Ver **Reembolso fiscal.**

REEMBOLSO FISCAL: sistema de incentivos que otorga el Gobierno Nacional a los exportadores por aquellos productos, generalmente manufacturados, llamados promocionales, y que tiene como fin promoverlos al exterior. También, a veces, se fija una serie de estímulos representados por una tabla progresiva de reembolsos, con un mayor porcentaje, de acuerdo con los productos a los mercados no tradicionales.◆ Reembolso de exportación.

REEMBOLSOS: este régimen combina Draw Back y Reintegros, restituyendo total o parcialmente los importes que se hubieran pagado en concepto de tributos interiores, así como los que se hubieren pagado en concepto de tributos por la previa importación para consumo de toda o parte de la mercadería que exportare para consumo a título oneroso o bien, por los servicios que se hubiesen prestado con relación a la mencionada mercadería.

REEXPEDICIÓN: salida al extranjero de aquellas mercancías sujetas a algunos regímenes aduaneros especiales (SENIAT).

REEXPORTACIÓN: acción de exportar lo que había sido importado por un ente.◆ Acto de exportar productos extranjeros que han sido nacionalizados.

REGALOS: productos o mercaderías que por costumbre o voluntariamente se obsequian a familiares, amigos, etc., luego de un viaje. Normalmente, y de acuerdo con sus magnitudes no abonan tributos.

RÉGIMEN ADUANERO: tratamiento aplicable a las mercaderías sometidas al control de la aduana de acuerdo con las leyes y reglamentos aduaneros, según la naturaleza y objetivos de la operación *(Seniat).*

RÉGIMEN DE "DRAW-BACK": ver **"Draw-back".**

RÉGIMEN DE ENVÍO POSTAL: ver **Envío postal.**

RÉGIMEN DE EXPORTACIONES EN CONSIGNACIÓN: se implementó a efectos de facilitar el envío al exterior de mercaderías en consignación, permitiendo el acceso de diversos productos a mercados potenciales. Su objetivo es la apertura de nuevos mercados realizando la venta en el exterior de la mercadería, resultando su reimportación una situación excepcional. La característica principal de estas operaciones es que la exigencia tributaria o el beneficio promocional que les son aplicables, queden diferidos o condicionados al resultado de la venta de la mercadería, verificándose un plazo entre el momento en que nace la obligación tributaria (oficialización del permiso de embarque) y el de su efectivo cumplimiento (venta de la mercadería). Los tributos y/o regímenes promocionales aplicables al producto exportado en consignación son los vigentes a la fecha de oficialización del permiso de embarque o documento único. ◆ El objetivo es la apertura o consolidación de mercados en el exterior mediante la venta de las mercaderías. La exigencia tributaria o el beneficio promocional que les son aplicables, queden diferidos o condicionados del resultado de la venta de la mercadería.

RÉGIMEN DE EXPORTACIÓN TEMPORARIA: este tipo de destinación suspensiva es el que la mercadería puede salir del territorio aduanero y permanecer fuera del mismo con una finalidad y por un plazo determinado, debiendo ser reimportado sin sufrir las modificaciones salvo la depreciación normal para su uso.

RÉGIMEN DE MUESTRAS: muestras son los objetos representativos de una categoría de mercadería ya producida que estuviesen destinadas exclusivamente a exhibirse o demostraciones para concretar operaciones comerciales, con dicha mercaderías y los objetos que fuesen modelo de mercadería cuya producción se proyecta, siempre que en ambos supuestos su cantidad no excediere la que fuese usual para estos fines. La importación o exportación de nuestros está exenta del pago del tributo que gravaren la importación para consumo o la exportación para consumo con algunos valores límites.

RÉGIMEN DE PACOTILLA: ver **Pacotilla.**

RÉGIMEN DE PERFECCIONAMIENTO PASIVO: introducción de mercancías que previamente han sido exportadas temporalmente para su transformación y vuelven como productos compensadores.

REGÍMENES ADUANEROS: diferentes destinaciones a que pueden someterse las mercaderías que se encuentran bajo control aduanero, de acuerdo con los términos de la declaración presentada ante la Autoridad Aduanera. // Tratamiento legal aplicable a las mercancías sometidas al control de las aduanas, de conformidad con leyes y reglamentos aduaneros vigentes por el interesado. Son los diferentes destinos específicos a los que quedan sujetas las mercancías que se encuentran bajo la potestad aduanera, de acuerdo con los términos de la respectiva declaración presentada en forma legal por el interesado (J. Cruz).

RÉGIMEN DE EXPORTACIÓN EN CONSIGNACIÓN: el objetivo es la apertura o consolidación de mercados en el exterior mediante la venta de las mercaderías. La exigencia tributaria o el beneficio promocional que les son aplicables, queden diferidos o condicionados del resultado de la venta de la mercadería, verificándose un plazo entre el momento en que nace las obligación tributaria y el de su efectivo cumplimiento.

RÉGIMEN DE EXPORTACIÓN TEM-PORARIA: este tipo de destinación suspensiva es el que la mercadería puede salir del territorio aduanero y permanecer fuera del mismo con una finalidad y por un plazo determinado, debiendo ser reimportado sin sufrir las modificaciones salvo la depreciación normal para su uso.

RÉGIMEN DE PERFECCIONA-MIENTO PASIVO: introducción de mercancías que previamente han sido exportadas temporalmente para su transformación y vuelven como productos compensadores.

REGISTRO ADUANERO: registración electrónica de todos los registros de ingreso aduanero (despachos a plaza) para su posterior vinculación con los pagos.

REGLAS DE LA HAYA: su génesis se encuentra en cualquier cláusula, acuerdo, disposición o pacto en un contrato de transporte que exima al transportista o al buque de responsabilidad por extravío, pérdida o daño relativo a la mercadería, emergente de negligencia, culpa o infracción de los deberes y de las obligaciones, o que disminuya dicha responsabilidad de un modo diverso del establecido en estas reglas; será nula y sin efecto; una cláusula de cesión del beneficio del seguro al transportista o cualquier cláusula equivalente será considerada como exonerativa de la responsabilidad del transportista. Esas normas tienen carácter de orden público en los Estados en los cuales las reglas son ley y es considerado ilícito cualquier pacto contrario a las mismas (Brunetti).◆ Ver **Reglas de Hamburgo**.

REGLAS DE ORIGEN: vínculo geográfico que une a una mercadería con un país en el cual se considera que ha sido generada (*C. J. Berr y H. Tremeau*).

REGLAS DE ORIGEN PREFEREN-CIALES: aquellas que se aplican en el contexto de relaciones comerciales especiales entre dos o más Estados. El tratado preferencial puede estar basado en el libre comercio o en otro tipo de acuerdo que atribuye un trato preferencial o bien puede tener carácter unilateral.

REGLAS DE VIENA: reglas y usos uniformes relativos a los créditos documentarios. Es una codificación de usos y costumbres internaciones sobre los créditos documentados, revocables e irrevocables, que suelen estar vinculados con los contratos de compraventa internacional.

REIMPORTACIÓN: importación, de un territorio aduanero, de mercaderías que han sido exportadas anteriormente desde el mismo territorio. ◆ Retorno.

REINCIDENCIA: existencia de una condena anterior firme por una infracción o delitos aduaneros sin que hubiere transcurrido un período determinado u otro plazo igual al de la condena, según el plazo.

REINTEGRO: régimen en virtud del cual se restituyen, total o parcialmente los importes que se hubieran pagado en concepto de tributos interiores por la mercadería que se exporte para consumo a título oneroso, o por los servicios que se hubieran prestado en relación a dichas mercaderías.

REINTEGRO DE DIVISAS: al efectuar sus despachos los exportadores reciben de sus compradores en el exterior, giros, cheques, transferencias o efectivo.

REINTEGRO DE EXPORTACIÓN: régimen mediante el cual se restituye, total o parcialmente, el monto abonado en concepto de tributos internos por la mercadería que se exporte para consumo a título oneroso o por los servicios vinculados con aquella mercadería. En este régimen no se incluyen los tributos que hubiesen gravado la importación para consumo de un producto que estuviese incorporado en el producto exportado. El derecho es del exportador.◆ Modalidad que permite restituir totalmente o parcialmente los importes que se hubiesen pagado en concepto de tributos interiores por la mercadería que se exporta a consumo a título oneroso (es decir que se excluyen las donaciones) o bien por los servicios que se hubieran prestado con relación a la mencionada mercadería. Los tributos interiores a que se refiere el párrafo anterior, no incluyen aquéllos que hubieren gravado la importación para consumo en caso que se hubiera importado insumos para producir la mercadería que se está exportando. La aprobación para las liquidaciones de los reintegros estará a cargo de la Aduana de registro de la declaración. ◆ Reintegro fiscal.

REINTEGRO FISCAL: derecho que se otorga a los exportadores a que les sean devueltos los impuestos nacionales, provinciales o municipales, directos o indirectos, que soportan las mercaderías producidas en el país, sin uso, que se exporten. ◆ Reintegro de exportación.

RELACIÓN REAL DE INTERCAMBIO: cociente entre el índice de precios de las importaciones y el de las exportaciones de un país.

REMATE ADUANERO: procedimiento mediante el cual se adjudica al mejor postor, en pública subasta, la mercancía abandonada o voluntariamente por sus propietarios o consignatarios en las dependencias aduaneras. (SENIAT)

REMITO: comprobante que documenta el envío o la entrega de bienes. Acompaña las mercaderías a los efectos de corroborar su efectiva entrega. Permite al comprador controlar las mercaderías recibidas que sean las pedidas por él. Debe contener los requisitos exigidos por la autoridad competente.◆ Albarán.◆ Nota de remisión.◆ Nota de envío.◆ Nota de entrega.

REMOVIDO: destinación de carácter suspensivo mediante la cual la mercadería de libre circulación en el Territorio Aduanero puede salir de éste para ser transportada a otro lugar del mismo, con la intervención de aduanas de salida y de destino, sin que, durante su trayecto, atraviese o haga escala en el ámbito terrestre no sometido a la soberanía nacional (AFIP).◆ Remisión a cualquier punto del territorio aduanero nacional de mercaderías nacionales o nacionalizadas.

RESIDENCIA: edificio donde tiene su domicilio una autoridad o una empresa o donde ejerce sus funciones.◆ Requisito de permanencia en el país en forma continua o discontinua de una persona física dentro del año fiscal. Generalmente, el criterio es que viva más de seis meses en el país.◆ Criterio de pertenencia social en el cual no existe intención de permanencia sino que solamente existe la exigencia de habitación en un lugar.

RESIDENTE DE UN ESTADO CONTRATANTE: toda persona que, en virtud de la legislación de ese Estado, está sujeta a imposición en el mismo por razón de su domicilio, residencia, sede de dirección o cualquier criterio de naturaleza análoga, incluyendo también ese Estado y sus subdivisiones políticas o entidades locales. Esta expresión no incluye, sin embargo, a las personas que estén sujetas a imposición en ese Estado exclusivamente por la renta que obtengan de fuentes situadas en el citado Estado o por el patrimonio allí situado.

RESPONSABLE DE LA OBLIGACIÓN TRIBUTARIA: quien, sin tener el carácter de contribuyente, debe cumplir las obligaciones atribuidas a éste, por disposición expresa de la norma pertinente.

RESPONSABLE POR DEUDA AJENA: aquel sujeto pasivo de la obligación tributaria que, sin tener el carácter de contribuyente, debe por disposición expresa de la ley cumplir con las obligaciones que recayeron en cabeza del sujeto pasivo del impuesto *(AFIP)*.

RESPONSABLE POR DEUDA PROPIA: sujeto respecto de quien se ha verificado el hecho imponible y que, por lo tanto, debe ingresar el impuesto correspondiente al Fisco.

RESPONSABLE SOLIDARIO: quien, sin tener la condición de contribuyente, es decir, sin haber concretado el hecho imponible, debe cumplir con la prestación tributaria atribuida a éste a través de un imperativo legal, si su cumplimiento es requerido por el acreedor tributario *(J. Bravo Cucci)*.

RESUMEN DE CUENTA: estado periódico que se remite a cada cliente con los movimientos correspondientes a dicho lapso (saldo anterior, compras, pagos, en general débitos y créditos, saldo final, etc.).◆ Documento que el vendedor le envía al cliente que paga a plazo las operaciones realizadas, compras y pagos, notas de crédito o débito si existieren, durante un período determinado.◆ Es un estado de cuenta de cada cliente.

RETENCIÓN: importe que retiene el agente de retención al beneficiario al abonar ciertas clases de retribuciones o pagos, como sueldos, honorarios, alquileres, comisiones, cuya deducción al total obedece a motivos tributarios, fiscales y previsionales. También se utiliza en el comercio exterior. Se aplica mediante una tasa o impuesto.

RETENCIÓN A CUENTA: aquella efectuada generalmente a personas físicas residentes en el país; es decir que este importe es a cuenta del pago definitivo en el impuesto a abonar.

RETENCIÓN A LAS EXPORTACIONES: aquella que se realiza al efectuar una exportación.◆ Ver **Derecho de exportación.**

RESTRICCIONES COMERCIALES: medidas utilizadas por los diferentes gobiernos para impedir o aminorar el intercambio de determinados tipos de bienes y servicios (SENIAT).

RESTRICCIONES CUANTITATIVAS: medidas administrativas mediante las cuales se fija un volumen determinado de importaciones ya sea en unidades físicas o en valores.

RESTRICCIONES O PROHIBICIONES A LA IMPORTACIÓN O EXPORTACIÓN: medidas no arancelarias que prohíben o restringen en forma permanente o transitoria, la introducción de determinadas mercaderías al territorio aduanero o su extracción del mismo. (Legislación Aduanera de Paraguay).

RETASA: valuación mejorada en favor del presunto comprador con respecto a la anterior.

RETIRO: acto mediante el cual la autoridad aduanera permite disponer de las mercancías después de los cumplidos efectuados.

RETORNO AL PAÍS: reimportación.

RETORSIÓN: en el comercio internacional, determinadas acciones ejercidas por un país a los efectos de contrarrestar medidas tomadas por otro país. En el GATT, existen determinadas acciones permitidas por algunas medidas.

RETROACTIVIDAD: aplicación o efectividad aobre lo pasado.

REVISIÓN ADUANERA: ver **Control aduanero.**

REVISIÓN DOCUMENTAL: análisis por parte de la Autoridad Aduanera de la información declarada y su cotejo con los documentos que sustentan la declaración de mercancías y demás información que se solicite al declarante o a su representante que conste en los archivos a base de datos del Servicio Aduanero.

REZAGO: condición que adquiere la mercadería en depósito o de almcenamiento por no haber recibido una destinación aduanera dentro del plazo previsto (AFIP)

ROMANEO: peso de cada una de las cargas o descargas de las mercancías.

RONDA DE DOHA: séptima tentativa de negociaciones con respecto a la liberación del comercio mundial. Esta denominación responde al inicio en la capital de Qatar en el 2001.

RONDA DE TOKIO: negociaciones realizadas entre 1973 y 1979 en Japón, las cuales se elaboraron acuerdos sobre medidas antidumping, compras del sector público, obstáculos comerciales y otras medidas no arancelarias.

RONDA DE URUGUAY: reunión realizada en Punta del Este, Uruguay, en 1986 y finalizó en Marrakech, Marruecos en 1993. Un total de 117 países se comprometieron a un libre comercio, a la apertura de un mercado monetario y un control de la propiedad intelectual.

RUTAS FISCALES: vías de transporte autorizadas por la autoridad aduanera para el tráfico de mercancías objeto de las operaciones aduaneras.

RUTAS LEGALES: vías de transporte autorizadas por las disposiciones legales y reglamentarias, para el tráfico de las mercancías objeto de operaciones aduaneras *(SENIAT).*

S

SALIDA TEMPORAL: régimen aduanero que permite reimportar a un territorio aduanero con exención total o parcial de los gravámenes.

SALVAGUARDIA: guarda que se pone para la custodia de una cosa.

SEGURO: ver **Contrato de seguro.**

SEGURO DE CAUCIÓN: concretado a propuesta de un tercero y aceptado por el asegurado. En la operatoria el tercero asume la responsabilidad por un eventual incumplimiento de una obligación de hacer o de dar, de acuerdo con lo estipulado en la póliza.

SEGURO DE CRÉDITO A LA EXPORTACIÓN: seguro que toma el exportador en operaciones de exportación financiadas a plazo, para cubrirse del riesgo de incobrabilidad por motivos comerciales, políticos u otros. Generalmente tiene como coberturas básicas:

riesgos comerciales, riesgos extraordinarios, etc.

SELLOS ADUANEROS: marcas, símbolos, precintos, etc., que coloca la Aduana para la aplicación de ciertos regímenes aduaneros generalmente con la finalidad de prevenir o de permitir la contratación de cualquier daño a la integridad de los bultos.

SEMOVIENTES: los animales, puesto que se pueden mover por sí mismos, son biene muebles.

SENIAT: Servicio Nacional Integrado Aduanero y Tributario de la República Bolivariana de Venezuela.

SERVICIO: actividad que una empresa genera para satisfacer las necesidades de un cliente. ◆ Actividad identificable e intangible que es el objeto principal de una operación que se concibe para proporcionar la satisfacción de necesidades de los consumidores. ◆ Prestación humana que satisface alguna necesidad del hombre que no consiste en la producción de bienes materiales.

SERVICIO ADUANERO: funciones que debe cumplir una administración de aduanas.

SERVICIO DE ESTADÍSTICA: tasa determinada que deben abonar las mercaderías que se importen o exporten definitiva o transitoriamente, estén o no gravadas con derechos, inclusive los despachados en tránsito para el extranjero.

SERVICIO DE ESTADÍSTICA: tasa determinada que deben abonar las mercaderías que se importen o exporten definitiva o transitoriamente, estén o no gravadas con derechos, inclusive los despachados en tránsito para el extranjero.

SERVICIO INFORMÁTICO MARÍA: SIM. ◆ Sistema informático a través del cual los operadores y auxiliares del comercio exterior registran las importaciones y exportaciones y demás destinaciones en el ámbito del país (AFIP).◆ Sistema informático basado en el Arancel Integrado Aduanero. El que utiliza la Aduana Argentina para el registro y seguimiento de las declaraciones y operaciones para la importación, exportación y tránsito aduanero de las mercaderías, basado en medios informáticos. ◆

Ver **Canal verde; Canal naranja; Canal rojo y Canal morado.**

SIM: Servicio Informático María.

SISTEMA TRIBUTARIO: conglomerado de normas jurídicas que regulan en su integridad el fenómeno tributario, sean éstas normas de estructura o normas de conducta. En ese escenario, el sistema tributario es más amplio que el régimen tributario, el cual sólo comprende las normas referidas a los tributos (normas de conducta) y que usualmente es el conglomerado normativo que es materia de los convenios de estabilidad tributaria (*J. Bravo Cucci*). ◆ Conjunto de tributos (impuestos, tasas, contribuciones especiales, gravámenes, etc.) que tienen como fin la obtención de recursos para el Estado para que pueda concretar sus actividades y también para que pueda instrumentar políticas de distribución de ingresos sobre la economía en general, mediante la utilización del gasto público. En términos generales, está constituido por el conjunto de tributos vigentes en un país en determinada época. A través de un sistema tributario, la política fiscal del Estado puede propender a diversos fines, como lograr la estabilidad económica, incentivar o impedir el desarrollo de ciertas áreas o actividades, intervenir en la distribución del ingreso total entre los sectores, encarar situaciones coyunturales.◆ Sistema compues-

to por un conjunto de gravámenes que actúan interrelacionados, para alcanzar todas las manifestaciones de capacidad contributiva de los individuos de una Nación (AFIP).
◆ Sistema fiscal.

SISTEMA ADUANERO: sistema constituido por el Servicio Aduanero y los auxiliares de la función aduanera.

SISTEMA DE PREFERENCIAS GENERALIZADAS: SPG. // Para los países en desarrollo es un instrumento reconocido internacionalmente para desarrollar el comercio, basado en concesiones comerciales otorgadas de manera autónoma por los países industrializados. La mayoría de los países en desarrollo incluidos en el SPG en todo el mundo también están incluidos en los Acuerdos mediterráneos o en el Convenio ACP. Para la Comunidad, el SPG permite a los países de Asia y América Latina exportar a la Unión Europea, al amparo de tipos de derechos más bajos que los normales, productos manufacturados y productos agrícolas transformados. A veces, el acceso a este programa se concede también como medio de promocionar los ideales de la Unión Europea en el mundo en desarrollo; por ejemplo, se ofrecen reducciones arancelarias SPG adicionales a todos aquellos países en desarrollo que se adhieran a acuerdos internacionales sobre protección medioambiental, de

prohibición del trabajo de los niños, o de los trabajos forzados. En todos estos sistemas preferenciales, el cumplimiento de las disposiciones aduaneras (normas de origen) es la clave para la obtención de los beneficios arancelarios. Los funcionarios de aduanas, que controlan la correcta aplicación de esas disposiciones, son los guardianes de la política exterior de la Comunidad.

SISTEMA ARANCELARIO CENTROAMERICANO: clasificación oficial de las mercaderías de importación y exportación a nivel centroamericano (CAUCE).

SISTEMA ARMONIZADO: nomenclatura, híbrida, neutra y estructurada de 6 (seis) dígitos, con seis subdivisines de 4 (cuatro) dígitos denominados partidas y series o subdivisiones de quinto o sexto dígito denominadas subpartidas, diseñada para ser utilizada respecto de la identificación de mercaderías concretas, tangibles y transportables, aun cuando fueren transportados por medios no tradicionales, e incluso de aquellas mercaderías que aún no participen del comercio internacional *(P. G. Pirotta).* En la actualidad la nomenclatura del Sistema Armonizado es aplicada por más de 200 países aduaneros o uniones aduaneras ◆ En la actualidad la nomenclatura del Sistema Armonizado es aplicado por más de 200 países, aduanas o uniones aduaneras.

SISTEMA INFORMÁTICO MARÍA:
SIM. ◆ Ver **Servicio Informático María.**

SOBORDO: revisión de la carga de un buque para confrontar las mercaderías con la documentación; libro o documento en que el capitán de un buque anota el detalle del cargamento.

SOBORNO: dádiva con que se soborna a una persona para lograr de ella alguna cosa.

SOBREESTADÍA: días posteriores de las estadas o segunda plaza que se da para la carga y descarga de un buque.

SOBREFACTURACIÓN DE IMPORTACIONES: se da cuando se recibe de un proveedor extranjero dos facturas por una misma compra: una con los precios reales y otra falsa con precios inflados. De esta forma, se pueden enviar dólares a una cuenta del exterior por la diferencia. Se realiza cuando existe un sistema de control de cambio o similar. Esta simulación es de práctica habitual en las operaciones de importación cuando el tipo de cambio libre de la moneda extranjera empleada excede en forma significativa el tipo de cambio oficial. De esta manera, el importador obtiene un excedente de divisas, las cuales, al ser vendidas al cambio libre, permiten obtener un beneficio sobre el cambio oficial que redunda en una disminución del costo de importación del producto. Por ejemplo: 1) Una importación de un bien a valor real de U$S 1000. El importador declara en la factura comercial que el costo del producto es de U$S 1300 en lugar de U$S 1000 como es en realidad.
2) Las cotizaciones del dólar, que es la moneda extranjera utilizada en la operación, son de:
- mercado oficial: $10 por unidad.
- mercado libre: $15 por unidad.
Por lo tanto:
1) El importador debe comprar para cancelar el valor de la factura declarado U$S 1300 a $ 10, de lo que resulta un total de $13000.
2) Le abona al exportador los U$S 1000 que es el precio del bien, quedándole otros U$S 300.
3) Vende en el mercado libre esta diferencia de U$S 300 a $ 15, lo que le reporta un total de $ 4500,
4) Finalmente, el costo del bien es el siguiente:
- Precio real U$S 1000 a $10= $10000.
- Beneficio por venta de excedente de dólares declarados ($ 4500).
- Costo final $5500.

SOLICITUD DE DECLARACIÓN DE EXPORTACIÓN: la que se requiere, en distintas legislaciones, para exportar una mercadería, es la prestación de una solicitud de Declaración Aduanera en Detalle de la exportación. Deben informarse los documentos, datos, y requisitos referentes al régimen solicitado.

"SPREAD": diferencia entre la tasa de interés activa y la tasa de interés pasiva.

SUBFACTURAR: maniobra de práctica habitual en las operaciones de exportación que consiste en declarar en la factura comercial presentada a las autoridades aduaneras del bien exportado un valor menor al valor percibido a cobrar. Es necesario, para que se produzca tal simulación, la existencia de una cotización oficial y una libre, con una diferencia significativa de la divisa por sobre la primera. De esta forma, el excedente de moneda extranjera se vende en el mercado libre, obteniéndose un beneficio adicional.

SUBSIDIOS: ayudas o facilidades que el Estado otorga a algunos sectores económicos para incentivarlos a que exporten, haciendo más rentables las exportaciones. También ayuda que reciben los sectores de menores ingresos.

SUBVENCIONES A LA EXPORTACIONES: ayudas a los productos nacionales para que puedan ser exportador a precios más competitivos.

SUJETO ACTIVO DE LA OBLIGACIÓN TRIBUTARIA: ente acreedor del crédito emergente de la obligación tributaria, es decir, ente con derecho a percibir el tributo *(J. M. Martín)*.◆ Estado o institución pública acreedora del tributo.◆ Ver **Contribuyente.**

SUJETO PASIVO DE LA OBLIGACIÓN TRIBUTARIA: persona que expresa o implícitamente ha sido designada por la norma legal para dar cumplimiento a dicha obligación. Tal designación puede ser a título propio o de un tercero; en el primer caso, el sujeto pasivo se conoce bajo la denominación de contribuyente, mientras que en el segundo, con la de responsable *(J. M. Martín)*.◆ Aquel que en virtud de la ley debe cumplirla en calidad de contribuyente o de responsable. La condición de sujeto pasivo puede recaer, en general, en todas las personas naturales y jurídicas o entes a los cuales el Derecho Tributario les atribuya la calidad de sujetos de derechos y obligaciones.

SUJETOS: se refiere al propio recurso aduanero como a las demás personas que entran en vinculación con el mismo en razón del comercio internacional (Despachantes de Aduana, Agentes de Transporte Aduanero, Importadores, Exportadores, etcétera).

SUNAT: Superintendencia Nacional de Administración Tributaria de Perú.

SUSTITUCIÓN DE IMPORTACIONES: política cuya finalidad es la disminución de las importaciones mediante la formación y el fomento de la producción nacional.

"SWAP" DE DIVISAS: acuerdo entre dos partes mediante el cual una entrega a la otra una cantidad en una moneda a cambio de la cantidad equivalente en otra moneda, a cotización contado de la fecha. En cada período de pago, cada una de las partes paga a la otra una cantidad en concepto de interés sobre la cantidad de dinero recibida en el inicio.

T

TANTO POR CIENTO: de cada ciento. Se construye precedido de un número que indica el tanto por ciento. Se representa con el signo %.◆ En los porcentajes se recomienda no usar el apócope cien: "El cuarenta por ciento" (no por cien). A pesar de ello, se utiliza la expresión cien por cien fuera de un contexto estrictamente numeral o contable, con el significado de total o absolutamente.

TARA: peso incluido en el peso bruto de un bien pero que no corresponde al peso propio del bien; como, por ejemplo, el peso correspondiente a los envases o al camión con mercaderías; es decir, peso que se rebaja en las mercaderías en razón del envoltorio que las contiene. Deducida la tara del peso bruto, da el peso neto.◆ Peso del embalaje.

TARIFA: precio de una unidad de servicio en una unidad de tiempo. Por ejemplo: valor de un servicio de mano de obra por hora.◆ Tabla de precios.◆ Gravámenes aplicados sobre los productos en la importación y exportación. Precio que el pasajero paga por el servicio de un transporte aéreo, de un punto de origen a otro de destino.

TARIFA ADUANERA: expresión monetaria del impuesto aduanero.

TARIFA ARANCELARIA: gravamen que se asigna, a cada partida de la nomenclatura arancelaria. Esta tributación se establece a tenor del grado de protección que se quiera asignar a cada mercancía.

TARIFA DEL IMPUESTO: conjunto formado por el tipo nominal y las deducciones, reducciones o recargos. Es decir, el tipo nominal del impuesto no corresponde siempre a su tipo real.

TARIFAS "AD VALOREM": aquellas que toman como base el precio de mercaderías, independientemente de sus calidades particulares. Se emplea en los impuestos aduaneros.

TARIFAS ESPECÍFICAS: aquellas que gravan las mercaderías según la calidad, peso, medida, etc., aplicando un porcentaje o suma fija por cada unidad de medida. Se emplea en los impuestos aduaneros.

TASA: tributos que personas físicas y jurídicas aportan al Estado por prestaciones públicas específicas. Por ejemplo: alumbrado, barrido y limpieza; permisos de edificación, etcétera.◆ De acuerdo con el Modelo Tributario para América Latina, es el tributo cuya obligación tiene como hecho generador la prestación efectiva o potencial de un servicio público individualizado en el contribuyente.◆ Relación de la diferencia entre dos cifras con respecto a una de ellas, tanto por ciento o por mil fijado sobre un todo. Medida, precio. ◆ Prestación pecuniaria exigida compulsivamente por el Estado y relacionada con la prestación efectiva y potencial de una actividad de interés público que afecta al obligado *(C. M. Giuliani Fonrouge).*◆ Toda prestación obligatoria, en dinero o en efectivo, que el Estado, en ejercicio de su poder de imperio, exige en virtud de ley, por un servicio o actividad estatal que se particulariza o individualiza en el obligado al pago (*C. García Vizcaíno).*◆ Tributo que se paga en concepto de contraprestación por un servicio proporcionado por el Estado. Es una contraprestación directa, la paga quien recibe el servicio. Por ejemplo: tasas judiciales.◆ La tasa tiene similitudes con el impuesto. Es una prestación pecuniaria demandada a los particulares para la cobertura de un gasto o servicio público, y toda vez que constituye una derogación del principio de gratuidad del servicio público ordinariamente sólo puede ser establecida o autorizada mediante una ley. Pero la diferencia fundamental con el impuesto radica en que éste se establece de acuerdo con la capacidad contributiva del sujeto; en cambio, la tasa se satisface a cambio de una determinada contrapartida.◆ Prestación pecuniaria debida a un ente público, en virtud de una norma legal y en la medida en que ésta se establezca, por la realización de una actividad del propio ente que afecta de modo particular al obligado *(A. D. Giannini).*◆ Prestación espontánea de dar o haber, que tiene por objeto una suma de dinero, un efecto timbrado o la asunción espontánea de una obligación, que constituye condición necesaria para conseguir una cierta ventaja y de la cual no se puede pedir restitución una vez conseguida tal ventaja *(L. F. Berlirì).* ◆ Prestación pecuniaria debida a un ente público con base en una ley y en la medida establecida por ello, que se debe pagar con motivo del desarrollo de una actividad del ente estatal que consiste en un servicio divisible que recibe el sujeto pasivo *(A. C. Altamirano).*

TASA ADUANERA: pago por servicio prestado a las mercaderías de importación y/o exportación (almacenaje, manipuleo, etc.).

TASA DE ALMACENAJE: aquella que percibe la Aduana cuando se constituye en depositaria de mercaderías. ◆ Cuando el servicio aduanero se constituye en depositario de mercadería percibe una tasa de retribución del servicio de almacenaje.

TASA DE CAMBIO: tipo de cambio.

TASA DE COBERTURA: proporción de las importaciones de un período concreto que pueden pagarse con las exportaciones efectuadas en el mismo período.

TASA DE COMPROBACIÓN DE DESTINO: tasa "ad valorem" que se aplica a las mercaderías importadas para consumo, respecto de las cuales el servicio aduanero debe prestar un control en plaza para comprobar que se cumplen las obligaciones que hubieren condicionado.

TASA DE ESTADÍSTICA: la que aplica la Aduana sobre las mercaderías que grava con una tasa determinada, cuya base imponible es el valor que fija dicho organismo de acuerdo con el producto de que se trate.

TASA DE INTERÉS: precio que se paga por el uso o disponibilidad del dinero. ◆ Remuneración que se debe pagar por la utilización de un préstamo o capital. En la situación de efectuarse una inversión de fondos fondos será el rendimiento de la misma.

TASA DE INTERÉS ACTIVA: la que paga el deudor a una entidad financiera.

TASA DE INTERÉS PASIVA: lo que percibe un ahorrista o inversor de una institución financiera..

TASA DE SERVICIO EXTRAORDINARIO: aquella que aplica la Aduana sobre operaciones o similares que se realizan en horas inhábiles.

TÉCNICA ADUANERA: especialidad que permite la extracción e introducción "legal" de mercadería desde y hacia los distintos territorios de los países que son parte de una transacción internacional *(P. G. Pirotta).*

TENTATIVA DE CONTRABANDO: incurre en tentativa con el fin de cometer el delito quien comienza su ejecución, pero no lo consuma por circunstancias ajenas a su voluntad.

TERCEROS PAÍSES: países no pertenecientes a un determinado acuerdo de integración económica o cualquier otro tipo de acuerdo o convenio comercial (SENIAT). ◆

Ámbito geográfico sometido a la soberanía de otros países, incluidos los enclaves constituidos a favor de otros Estados.

TERMINAL AEROPORTUARIA: espacio donde se realiza el intercambio aéreo de pasajeros o de cargas.

TÉRMINO DE LA DESCARGA: fecha y hora en que culmina la descarga del medio de transporte.

TÉRMINOS C: categoría de Incoterms que implica que el vendedor se hace cargo de contratar el transporte (total o parcialmente) y, eventualmente, el seguro. Tiene cuatro modalidades: CFR, CIF, CPT y CIP.◆ Ver **Incoterms.**

TÉRMINOS D: categoría de Incoterms que implica que el vendedor soporta todos los costos y riesgos de llevar las mercaderías a destino y entregarlas. Hay tres tipos: DAT, DAP, y DDP.◆ Ver **Incoterms.**

TÉRMINOS DEL INTERCAMBIO: relación que existe entre la capacidad de compra de los productos de exportación y la de los de importación. ◆ Índice que resulta de comparar los índices de precios de las exportaciones y los de las importaciones.

$$ITI = \frac{IPE}{IPI}$$

Si los primeros suben más que los segundos, existirá una ganancia unitaria, que puede cuantificarse en función del valor de las exportaciones; el resultado se llama efecto de la relación de precios del intercambio.◆ Se dice que se produce el deterioro en los términos del intercambio cuando los precios internacionales de las materias primas que se exportan caen en relación con los precios de los productos con valor agregado o industrializados que se importan.

TÉRMINOS E: categoría de Incoterms que implica que el vendedor pone las mercaderías a disposición del comprador en su propio local. Su única forma es la que se identifica por la abreviatura EXW, que quiere decir *Ex Works*. El comprador debe contratar el transporte o ir a buscar la mercadería a la casa del vendedor.◆ Ver **Incoterms.**

TÉRMINOS F: categoría de Incoterms, que implica que el vendedor entrega la mercadería en un medio de transporte. Incluyen las tres formas posibles: FCA, FAS y FOB.◆ Ver **Incoterms.**

TERRITORIO ADUANERO: ámbito territorial sometido a la soberanía de un país, así como también en los enclaves constituidos a su favor en la que se aplica un mismo sistema arancelario y de prohibiciones de carácter económico a las importaciones y a las exportaciones *(Ad-*

ministración Federal de Ingresos Públicos).

TERRITORIO ADUANERO ESPE-CIAL: área aduanera especial.◆ Aquel en el cual es aplicable un sistema especial arancelario y de prohibiciones de carácter económico a las importaciones y a las exportaciones.

TERRITORIO ADUANERO GENE-RAL: todo ámbito aéreo o acuático sometido a la soberanía de un país en el que se aplica un mismo sistema arancelario y de prohibiciones de carácter económico a las exportaciones e importaciones. ◆ Aquel en el cual se aplica el sistema general arancelario y de prohibición es de carácter económico a la importación y exportación. Este se divide en: 1) Zona Primaria; 2) Zona Secundaria; y 3) Zona de Vigilancia Especial. // Todo ámbito aéreo o acuático sometido a la soberanía de un país en el que se aplica un mismo sistema arancelario y de prohibiciones de carácter económico a las exportaciones e importaciones.

TIENDAS LIBRES DE IMPUESTOS: TLI. ◆ Venta de mercaderías nacionales y extranjeras libres de impuestos a los pasajeros que salen del país, a los que se encuentran en tránsito y a los que ingresan al país.

TIPO DE CAMBIO: relación entre dos monedas. ◆ Precio de una moneda expresada en términos de otras. ◆ Tasa de cambio.

TIPO DE CAMBIO COMPRADOR: precio al cual una entidad financiera o equivalente paga por una unidad de otra clase a quienes disponen de moneda extranjera para vender.

TIPO DE CAMBIO VENDEDOR: precio al cual una entidad financiera o equivalente vende una unidad monetaria de otra clase a quienes desean comprar moneda extranjera o pagar en esa moneda.

TÍTULO EJECUTIVO: instrumento que puede originar una acción ejecutiva. Confiere fuerza ejecutiva y puede ser creado legalmente o por los particulares.◆ Elemento constitutivo de la acción. Es necesaria la conjunción de dos elementos: 1) la existencia de una declaración de la excedencia de una obligación que la ejecución tiende a satisfacer y 2) la orden de ejecución.

TÍTULO-VALOR: documento necesario para legitimar el ejercicio del derecho literal y autónomo que en ellos se incorpora. Puede ser de contenido crediticio, corporativo o de participación y de tradición o representativos de mercaderías.◆ En el mercado financiero, instrumento representativo de obligaciones, bonos, pagarés, acciones, documentos negociables, letras y certificados.◆ Documento necesario para legitimar el ejercicio del derecho literal y autónomo consignado en el mismo *(Código de Comercio Boliviano).*◆ Valor mobiliario.

TONEL: cuba grande.

TONELADA: peso de 1000 kilos. Undad de peso o capacidad que se usa para calcular el desplazamiento de los buques.

TONELAJE: cabida de una embracación. ◆ Número de toneladas que mide un conjunto de buques mercantes.

TRÁFICO ADUANERO: movimiento de entrada y salida de mercaderías y artículos fiscalizados por la aduana, que se hace cruzando las fronteras aduaneras, por mares, lagos, ríos y rutas fronterizas, o por el interior del territorio aduanero nacional.

TRÁFICO ADUANERO INTERNACIONAL: transporte de mercancías con procedencia del exterior y con destino al exterior del territorio aduanero nacional, y transporte de mercaderías entre dos puntos del mismo, con escala intermedia en territorio aduanero extranjero.

TRÁFICO ADUANERO MIXTO: aquel que realiza operaciones de tráfico internacional y de tráfico nacional.

TRÁFICO ADUANERO NACIONAL: transporte de mercaderías entre dos puntos del territorio aduanero nacional, sin escala intermedia en territorio aduanero extranjero.

TRÁFICO TRIANGULAR: variedad de la exportación anticipada que permite que la importación de las mercancías se efectúe en un estado miembro distinto de aquel que entregó el régimen y donde se llevaron a cabo las operaciones de perfeccionamiento.

TRÁFICO VECINAL FRONTERIZO: regimen especial de importación y exportación, sin fines comerciales y/o industriales, de alcance exclusivo para residentes de ciudades fronterizas.

TRANSACCIÓN: convenio, negocio o acuerdo.

TRANSACCIÓN ECONÓMICA: operación mediante la cual se produce un movimiento de fondos desde o hacia el exterior.

TRÁNSITO ADUANERO: régimen especial, con suspensión del pago de tributos, bajo el cual mercaderías que se encuentran sujetas a control aduanero, son transportadas desde una aduana a otra, dentro de un territorio aduanero, estén o no destinadas al extranjero *(J. Cruz).* ◆ Permite la circulación de mercaderías no comunitarias bajo

control de las autoridades aduaneras. ◆ Ver **Tránsito Internacional.**

**TRÁNSITO ADUANERO INTERNA-
CIONAL:** operación de transporte
en la cual sólo se efectúa por el
territorio nacional el paso de mercaderías procedentes del exterior
destinadas a terceros países.

**TRÁNSITO ADUANERO NACIO-
NAL:** operación de transporte en
el cual las Aduanas de partida y de
destino son nacionales.

TRÁNSITO DE EXPORTACIÓN:
destinación aduanera de carácter
suspensivo que permite que mercadería de libre circulación en el
Territorio Aduanero, sometida a
una destinación de exportación en
una aduana, pueda ser transportada hasta otra aduana del mismo
Territorio Aduanero, con la finalidad
de ser exportada desde esta última
(AFIP).

TRÁNSITO DE IMPORTACIÓN:
destinación aduanera de carácter
suspensivo que permite que la
mercadería importada, que carece
de libre circulación en el Territorio
Aduanero, pueda ser transportado
dentro del mismo desde la aduana
por la que hubiere arribada hasta
otra aduana, para ser sometida a
otra destinación aduanera (AFIP).

TRÁNSITO DE MERCADERÍAS:
regimen aduanero bajo el cual se
colocan las mercaderías transportadas bajo control aduanero de una
oficina de aduana a otra oficina
de aduana de un mismo territorio
aduanero *(Consejo de Cooperación Aduanero de Bruselas).*

**TRÁNSITO DIRECTO INTERNA-
CIONAL:** Aduana de entrada a una
Aduana de salida

TRÁNSITO FLUVIAL: a tráves del
río, parte de cuyo curso integra el
territorio aduanero. En este caso,
la Autoridad Aduanera exige que
el capitán del buque el responsable
de la embarcación transite con el
manifiesto de carga, documento
equivalente o "guía de removido",
que debe contener la siguiente
información: 1) nombre y bandera
del buque. 2) nombre y domicilio
del transportista. 3) descripción de
la naturaleza, calidad y cantidad o
peso de la mercadería transportada, así como las marcas, números
y envases de los bultos que la con-
tengan. 4) destino de la mercadería
transportada. 5) fecha de emisión
de la guía y firma del cargador o
de su agente.

TRÁNSITO HACIA EL EXTERIOR:
de una aduana de interior a una
aduana de salida.

TRÁNSITO HACIA EL INTERIOR:
de una Aduana de entrada a una
Aduana interior.

TRÁNSITO INTERNACIONAL:
operación que permite el paso de

mercaderías extranjeras a través del país cuando éste forma parte de un trayecto que se inicia y termina en el extranjero *(J. Cruz)* ◆ Ver **Tránsito aduanero**.

TRANSPORTE MULTIMODAL: porte de mercancías por dos diferentes de transporte por los menos, en virtud de un único contrato de transporte multimodal, desde un lugar en que el operador de transporte multimodal toma las mercancías bajo su custodia y responsabilidad hasta otro lugar designado para su entrega, en el cual se cruza por lo menos una frontera.

TRANSPORTISTA: persona que contrata con el cargador el transporte de determinadas mercaderías, bien sea propietaria, fletadora o armador o quien disponga del buque.

TRANSPORTISTA ADUANERO: auxiliar encargado de las operaciones y los trámites aduaneros relacionados con la presentación ante el Servicio Aduanero; del medio de transporte y carga, a fin de gestionar su ingreso, tránsito o salida de mercancías.

TRASBORDO: traslado de las mercaderías bajo control aduanero del medio de transporte en el cual arribaron a otro en el que continuarán a su destino sin pago de tributo.

TRATADO DE LIBRE COMERCIO DE AMÉRICA DEL NORTE: North American Free Trade Agreement.◆ NAFTA.◆ Este Tratado rige a partir del 1 de enero de 1994 y está constituido por EE.UU., Canadá y México. Suprime en un plazo de 15 años aranceles y demás barreras comerciales. La intención es facilitar el comercio, los servicios y las inversiones en un mercado de 360 millones de consumidores con un producto de seis billones de dólares. Impulsado por EE.UU., tiende a expandirse hacia el Pacífico y América del Sur.

TRATADO DE LOME: ver **Convenio de Lomé**.

TRIÁNGULO DEL NORTE DE CENTROAMÉRICA: acuerdo suscrito por los presidentes de Guatemala, Honduras y El Salvador sobre la apertura del Sistema de Libre Comercio, con el fin de fortalecer la integración de Centroamérica. Sus aspectos fundamentales son: lograr la eliminación del control aduanero, el mejoramiento de las vías de comunicación, el control vehicular, las facilidades de migracion y las de movimiento de capitales. ◆ CA3

TRIBUNAL FISCAL DE LA NACIÓN: órgano administrativo, creado originariamente en las cuestiones de índole impositiva, y que posteriormente incrementó su competencia.

TRIBUTO: gravamen.◆ Prestación pecuniaria coercible. El tributo nace de la ley y únicamente de la ley. No hay tributo sin ley. Son las prestaciones en dinero que el Estado exige en virtud de su poder de imperio para satisfacer los gastos que le demande el cumplimiento de sus fines.◆ Obligación jurídica pecuniaria, *ex lege*, que no constituye sanción por acto ilícito, cuyo sujeto activo es, en principio, una persona pública, y cuyo sujeto pasivo es alguien puesto en esa situación por voluntad de la ley (*G. Ataliba*).◆ El objeto de la prestación que satisface el deber jurídico de efectuarla y no precisamente la prestación (*A. Backer*).◆ Ingreso público de deuda pública obtenido por un ente público titular de un derecho de crédito frente al contribuyente obligado como consecuencia de la aplicación de la ley a un hecho indicativo de capacidad económica, que no constituye la sanción de un ilícito (*J. M. Queralt*).◆ Constituyen prestaciones obligatorias exigidas por el Estado en virtud de su potestad de imperio para atender sus necesidades y realizar sus fines políticos, económicos y sociales (*G. Fonrouge*).◆ Los términos tributo y gravamen son sinónimos. Cualquiera de ellos involucra los conceptos de tasa, impuesto y contribución.◆ Ingreso público consistente en una prestación pecuniaria exigida por una Administración Pública como consecuencia de la realización del supuesto de hecho al que la ley vincula con el deber de contribuir, con el fin primordial de obtener los ingresos necesarios para el sostenimiento de los gastos públicos. Las características desde el punto de vista jurídico son: 1) grava una determinada manifestación de capacidad económica; 2) es el más típico exponente de los ingresos de Derecho Público; 3) consiste en una prestación pecuniaria; 4) nunca constituye la sanción de un ilícito, excepto que consista en la extensión a cargo de un tercero de una obligación tributaria; 5) no tiene alcance confiscatorio; 6) su finalidad principal es posibilitar la financiación del gasto público; 7) prestación pecuniaria obligatoria exigida por un Estado; y 8) se aplica como si fuese un derecho de crédito y una correlativa obligación.

TRIBUTOS ANTIDUMPING Y COMPENSATORIOS: aquellos que se aplican en adición a todos los demás tributos que graven la importación de que se tratare. Se rigen por los convenios internacionales vigentes.

TRIPULANTES: personas que forman parte del persona que opera o presta sus servicios a bordo de un medio de transporte.

TURISTA: persona extranjera que ingresa al territorio nacional bajo tal carácter, la cual puede introducir como equipaje acompañado o

no acompañado, efectos usados
propios a su condición (SENIAT).

U

ULTRAMAR: sitio o país que se encuentra del otro lado del mar.

"UNCTAD": sigla del inglés, "United Nations Conference on Trade and Development". ◆ Conferencia de las Naciones Unidas sobre Comercio y Desarrollo creada en 1964 para los asuntos vinculados con el comercio, el desarrollo y las inversiones. La finalidad fundamental es maximizar las oprtunidades comerciales, de inversión y desarrollo de los países en vías de desarrollo así como la asistencia ni sus esfuerzos para integrarse en la economía mundial. Está conformada por 193 estados y su sede se encuentra en Ginebra, Suiza.

UNESCO: "United Nations, Educational, Scientific and Cultural Organization". ◆ Organización de las Naciones Unidas para la Educación, la Ciencia y la Cultura. Su función principal es crear condiciones propicias para un diálogo entre las civilizaciones, las culturas y los pueblos basado en el respeto de los valores comunes. Contribuir a la consolidación de la paz, la erradicación de la pobreza, el desarrollo sostenible y el diálogo intercunltural mediante la educación, las ciencias, la cultura, la comunicación y la información. En el 2013 existen casi 800 millones de analfabetos en el mundo. En Dakar, Senegal, en el año 2000 El Foro Mundial sobre la Educación acordó que en el 2015 deberían alcanzarse los objetivos que se acordaron en la misma. Se creó el 16 de noviembre de 1945 cuenta con 195 miembros y 8 asociados.

UNIDAD DE CARGA: continente utilizada para trasladar una mercancía de un lugar a otro, entre los cuales se encuentran los contenedores, los vehículos sin motor o autopropulsión de transporte por carretera, tales como remolques, semiremolques, vagones de ferrocarril, barcazas, y otras embarcaciones sin sistemas de autopropulsión dedicadas a la navegación interior.

UNIDAD DE INFORMACIÓN FINANCIERA: organismo vigente en la Argentina, que se encarga del análisis, el tratamiento y la transmisión de información a los efectos de prevenir e impedir el lavado de activos proveniente de: 1) delitos relacionados con el tráfico y la comercialización ilícita de estupefacientes; 2) delitos de contrabando de armas; 3) delitos relacionados con las actividades de asociación ilícita, organizadas para cometer delitos con fines políticos y raciales; 4) delitos de prostitución de menores y pornografía infantil; 5) delitos contra la Administración Pública, tipificados en el Código Penal.

UNIDAD DE TRANSPORTE: unidad que representa cada bulto de mercaderías. Puede ser: caja, fardo, etc.

UNIDAD MONETARIA: medio representativo de dinero cuya finalidad es su uso como medio de cambio y que es creado por un Estado soberano.

UNIÓN ADUANERA: acuerdo entre dos o más estados por el que suprimen o eliminan restricciones comerciales (pago y percepción de derechos aduaneros), para desarrollar una política comercial coherente y uniforme hacia otros países.◆ Los países miembros, además de permitir la libre circulación de los bienes producidos dentro de ellos, establecen una tarifa o arancel externo común, de modo tal que cualquier país no signatario del acuerdo que quiera vender en los países miembros estará sujeto al mismo tipo y monto del gravamen. ◆ Es un concepto más amplio que el de la zona de libre comercio. Tiende a la integración económica eliminando las restricciones fronterizas internas. Además todos los miembros de una unión aduanera aplican un arancel y una política comercial frente a las mercancías de terceros países. Por lo tanto, son innecesarias las fronteras a los efectos aduaneros. ◆ Integración aduanera que más allá de poner en común sus economías. Tiende a la integración económica eliminando las restricciones fronterizas internas, la totalidad de sus miembros aplican un arancel aduanero y una política comercial comunes frente a las mercaderías de terceros países, y además son innecesarias las fronteras a efectos aduaneros o de comercio exterior.

UNIÓN ADUANERA EUROPEA: mercado único de la Unión Europea, fundado en cuatro libertades básicas. Ellas son: libre circulación de mercancías, de personas, de servicios y de capitales. Con casi 400 millones de consumidores, es el más importante del mundo industrializado y al no tener fronteras económicas internas es el catalizador de la integración económica de la Unión Europea. Los objetivos fundamentales son: 1) Fomentar el comercio mundial; 2) Promover el comercio justo; 3) Hace más atractiva la Unión Europea como emplazamiento para la industria y el comercio; 4) Promover el desarrollo en otras zonas; 5) Recopilar y analizar estadísticas esenciales sobre el comercio; 6) Facilitar un sistema práctico de recaudación de tributo; 7) Alcanzar un mercado único que permita a un beneficio amplio para todos. Los componentes son: Grecia, Portugal, España, Italia, Francia, Luxemburgo, Irlanda, Reino Unido, Bélgica, Países Bajos, Alemania, Dinamarca, Austria, Suecia, Finlandia, Estonia, Letonia, Lituania, Polonia, República Checa, Eslovaquia, Hungría, Eslovenia, Rumania, Bulgaria, Turquía, Malta y Chipre.

UNIÓN ECONÓMICA: asociación entre países que tiene como características: 1) eliminación total de los aranceles de importación y de las restricciones cuantitativas entre los países miembros; 2) fijación de un arancel externo común para la exportación de bienes y servicios; 3) libre movimiento de los factores productivos; 4) coordinación de las políticas fiscales, monetarias y socioeconómicas.

UNIÓN EUROPEA: a partir del 1 de noviembre de 1993 reemplazó a la Comunidad Ecnómica Europea. El Tratado de Unidad Europea firmado en Maastrich estableció una nueva Unión Europea compuesta por 15 países: Gran Bretaña, Austria, Suecia, Finlandia, Alemnia, Bélgica, Dinamarca, España, Portugal, Francia, Grecia, Irlanda, Italia, Holanda y Luxemburgo. El 1 de mayo de 2004 se incorporaron: Letonia, Lituania, Estonia, Polonia, República Checa, Eslovaquia, Hungria, Eslovenia, Chipre y Malta. En el 2007 se incorporaron: Bulgaria y Rumania y en el 2013, Croacia. Es decir, está constituido por 28 miembros. La Unión Europea es miembro de la Organización Mundial de Comercio (OMC) desde el 1 de enero de 1995, por ende la totalidad de sus miembros son también miembros. La Unión Europea es la primera potencia comercial del mundo, representa más del 20% del comercio internacional, siendo de sus componentes Alemania el de mayor Producto Bruto Interno (PBI). El total de la población alcanza a 502.000.000 de habitantes.

UNIÓN POSTAL DE LAS AMÉRICAS, ESPAÑA Y PORTUGAL: organismo internacional de carácter independiente, integrado por 27 países. La sede central se encuentra en Montevideo, Uruguay. Su finalidad es lograr una cooperación amplia entre sus miembros y mejorar la red postal. ◆ UPAEP.

UNIÓN POSTAL INTERNACIONAL: institución creada en 1874, con sede en Berna, Suiza; compuesta por 191 países y su objetivo fundamental es facilitar la comunicación y mejorar la calidad del servicio a nivel internacional. ◆ UPU.

UNITARIZACIÓN DE CARGAS: agrupación de cierta cantidad de bultos en una única de carga estándar con la finalidad de facilitar la manipulación, el almacenamiento y el respectivo transporte.

UNITIZACIÓN: consiste en concentrar en un solo gran envase diferentes unidades, con el objeto de hacer más fácil y expedito el transporte de mercaderías y, al mismo tiempo, que aquellas estén mas protegidas.

UPAEP: ver **Unión Postal de las Américas, España y Portugal**.

UPU: Unión Postal Internacional.

USUARIO: ver **Consumidor**.

USUARIO ADUANERO CERTIFICADO: operador de comercio certificado por la SUNAT (Legislación de Perú).

USUARIOS: sujetos que por su actividad comercial internacional requieren de la actividad aduanera ya sea para importar o exportar mercaderías.

V

VALOR: propiedad que identifica a los bienes económicos y constituye el funcionamiento de su intercambio.

VALOR ADUANERO: valor en aduana.

VALOR DE MERCADO: valor de un bien de acuerdo con las condiciones normales de venta en plaza.◆ Cotización de un bien financiero en un mercado bursátil.

VALOR DE ORIGEN: valor de ingreso o de entrada al patrimonio o costo inicial de los bienes adquiridos o producidos por el ente.◆ Valor contable por el cual un bien se incorpora al patrimonio de un ente.◆ Valor original.

VALOR DECLARADO: valores o billetes que se envían por correo, en sobre cerrado, cuyo valor se declara en la administración de salida y cuya entrega responde al servicio de correos.◆ Valor asignado al capital social de una empresa a los fines impositivos, fiscales o legales.◆ Valor que se fija cuando los bienes se entregan a un transportista.◆ Valor asignado ante una aduana en una operación.

VALOR EN ADUANA: el que se determina por aquella mercadería declarada en Aduana aunque estuvieses exenta de derechos.◆ Valor de las mercaderías importadas que se determina a partir del procedimiento de valoración aduanera y que sirve para determinar el importe de los derechos de exportación y, sobre todo, de importación. ◆ Valor de transacción.

VALOR EN ADUANAS DE LAS MERCADERÍAS: definición confeccionada en una convención realizada en Bruselas en 1950 y con la entrada en vigencia en 1953, se basa en el "Precio Normal" en el momento en que los derechos son exigibles como resultado de una venta realizada en condiciones de libre competencia entre un vendedor y un comprador independientes entre sí. ◆ Constituye la base imponible para la aplicación de los derechos arancelarios a la importación (DAI), de las mercancías importadas o internadas al territorio aduanero de los Estados Parte (CAUCE).

VALOR DE MERCADO: valor de un bien de acuerdo con las condiciones normales de venta en plaza. ◆ Cotización de un bien financiero en un mercado bursátil.

VALOR DE ORIGEN: valor de ingreso o de entrada al patrimonio o costo inicial de los bienes adquiridos o producidos por el ente. ◆Valor contable por el cual un bien se incorpora al patrimonio de un ente. ◆ Valor original.

VALOR DE TRANSACCIÓN: precio realmente pagado o por pagar, por mercaderías que se comercializan entre personas o empresas de un país vendedor/exportador y un país comprador/importador. ◆ Valor de aduana.

VALOR DECLARADO: valores o billetes que envían por correo, en sobre cerrado, cuyo valor se declara en la administración de salida y cuya entrega responde al servicio de correos. ◆ Valor asignado al capital social de una empresa a los fines impositivos, fiscales o legales. ◆ Valor que se fija cuando los bienes sen entregan a un transportista. ◆ Valor asignado ante una aduana en una operación.

VALOR FOB: el valor incluye la totalidad de los gastos ocasionados hasta: 1) el puerto en el cual se carga en el buque con destino al exterior para la mercadería que se exporte por vía acuática; 2) el aeropuerto en el que se carga la mercadería con destino al exterior por vía aérea; y 3) el lugar en el cual se produzca la carga por vía terrestre (ferrocarril automotor) con destino al exterior.

VALOR IMPONIBLE: a los efectos de aplicar el derecho de exportación "ad valorem", el valor imponible de la mercadería que se exportare para consumo es el valor FOB en operaciones efectuadas por vía acuática o aérea y el valor FOT o el valor FOR según el medio de transporte que se utilizare, en operaciones efectuadas por vía terrestre, entre un comprador y un vendedor independiente uno de otro, en el momento que determinen para cada supuesto establecido en la norma legal correspondiente. Se conforma con los elementos que integran el costo de la mercadería, desde el punto de vista contable son: los costos de la materia prima, mano de obra, los gastos indirectos de producción, si a esta sumatoria le agregamos la ganancia en la operación, el resultado será el precio de venta. El valor imponible está integrado por: a) los gastos de transporte y seguro hasta el puerto, aeropuerto o lugar previstos en el mencionado artículo; b) las comisiones; c)los corretajes; d)los gastos para la obtención, dentro del territorio aduanero, de los documentos relacionados con la exportación desde dicho territorio; e) los tributos exigibles dentro del territorio aduanero, con exclusión de aquellos que con motivo de la exportación hubieran sido eximidos o cuyos importes hubieran sido o debieran ser reembolsados como así también de los derechos y demás tributos que gravaren la exportación para consumo; f) el costo de los embalajes, excepto si éstos siguien su régimen aduanero propio; g) los gastos de embalaje (mano de obra, materiales y otros gastos);y h) los gastos de carga, excluidos de los de estiba.

No forman parte del valor en aduana aquellos gastos que se realicen más allá del punto geográfico indicado por el valor FOB. Por ejemplo, los gastos de prueba o puesta a punto de una maquinaria en el país de destino. Se excluyen del valor imponibles los derechos y demás tributos que gravaren la exportación.◆ Base imponible para el pago de un tributo.

VALOR NORMAL: precio abonado o por abonar por un producto similar al importado cuando éste es vendido en el mercado interno del país de origen o de exportación en el curso de las operaciones normales.

VALORACIÓN ADUANERA: procedimiento aduanero aplicado para determinar el valor en aduana de las mercaderías importadas. Si se aplica un derecho ad-valorem, el valor es esencial para determinar el derecho pagadero por el producto importado.

VALORACIÓN ADUANERA DEL EQUIPAJE: ver **Valor en Aduana.**

VALORIZACIÓN: incremento de valor.

VALUACIÓN AL COSTO: criterio de valuación de activos, pasivos y resultados por sus valores originales. Se exponen a través de valores del pasado y no reflejan las variaciones experimentadas en el valor de los bienes y servicios. No existe reconocimiento de resultados por tenencia, es decir, el momento de la venta es el determinante en la generación de ganancias.◆ El costo histórico es el sacrificio económico que demanda la adquisición o producción de un bien o de un servicio medido en moneda del momento en que se produce la adquisición o producción.◆ Principio de contabilidad.

VENCIMIENTO: cumplimiento del plazo de una deuda, obligación, etc. ◆ Fecha en la que una obligación, documentada o no, debe ser cumplida.

VENTA: acto mercantil mediante el cual se transfieren bienes, derechos o servicios.◆ Contrato en virtud del cual una persona transfiere a otra la propiedad de una cosa a un precio convenido.

VERIFICACIÓN: acción de examinar, controlar la verdad de lo declarado en los documentos aduaneros.

VERIFICACIÓN FÍSICA DE LA MERCADERÍA: consiste en el examen físico de las mismas, con el fin de asegurar que su naturaleza, calidad, origen, estado, cantidad, y valor en Aduana estén conformes con lo declarado. (Legislación Aduanera de Paraguay)

VERIFICADOR DE EXPORTACIÓN: empleado o funcionario aduanero que se ocupa de efectuar un control exhaustivo de la mercadería con la declaración del correspondiente permiso de embarque.

VIAJERO: toda persona que entra o sale de un país. ◆ Toda persona que ingrese o salga temporalmente de un país en el cual no resida.

VIAJERO EN TRÁNSITO: persona que llega del exterior y permanece en el país a la espera de continuar su viaje hacia el extranjero, de acuerdo con las normas de inmigración que rigen en el país (Legislación Aduanera de Colombia).

VINCULACIÓN ECONÓMICA: entes, personas, entidades o grupos de entidades económicamente vinculados con aquellos que, a pesar de ser jurídicamente independientes, reúnen algunas de las siguientes condiciones: tienen vinculación significativa de capitales, en general los mismos directores, socios o accionistas y se trata de entes que, por sus especiales vínculos, deben ser considerados una organización económica única.

VISACIÓN: acción de reconocer o examinar un documento, certificación, etc.; a los efectos de dar el visto bueno.

VISTA: registro que se realiza de las mercancías en los puertos o aduanas para el pago de derechos o para constatar si es comercio lícito.

VISTA DE ADUANA: funcionario aduanero cuya funciones son controlar, clasificar y aforar las mercancías.

VOLANTE ELECTRÓNICO DE PAGOS: VEP. ◆ En la Argentina, único elemento que permite indicar la importación de la obligación que se cancela, mediante la operatoria de pagos por internet.

VOLUMEN: bulto de una cosa.

VOLUMEN FÍSICO: cantidad de unidades físicas en kilogramos, litros, metros, toneladas, etc.

W

"WARRANT": título de crédito mobiliario; es una garantía que mediante la inmovilización de un *stock* permite a una empresa obtener fondos. En este proceso existen dos documentos: el certificado de depósito y su correspondiente copia, el *warrant*. El certificado de depósito es un título de propiedad de las mercaderías dadas en *warrant*. Los *warrants* se pueden emitir sobre los frutos o productos agrícolas, ganaderos, forestales, mineros o de manufacturas nacionales. El título deberá contener: 1) la fecha en que se expidan y el nombre y el domicilio del depositante de las mercaderías; 2) la designación del depósito en que estuviesen; 3) la clase de las mercaderías, su peso y cantidad, así como los números y marcas de los bultos y cualquiera otra indicación propia para hacer conocer su valor; 4) la fecha desde la cual se adeuda almacenaje por ellas; 5) si se adeudan o no derechos; 6) la firma del administrador de la Aduana, así como la del alcaide y la del vista, que hubieran examinado las mercaderías. El certificado sólo deberá contener la siguiente anotación: "No se entregarán las mercaderías a la presentación de este certificado, sin estar acompañado del *warrant* y ambos con endoso en forma, si se hubiesen transferido". Tanto el certificado como el *warrant* serán tomados de un libro talonario, que estará depositado en la Aduana respectiva. Antes de expedirse un certificado, deberá verificarse por un vista, en presencia del guarda del almacén respectivo, la clase, cantidad o peso de las mercaderías depositadas y por las cuales se solicitase certificados. Los gastos que produjese esta operación serán hechos por cuenta del interesado. Desde que la Aduana otorgue un certificado, no podrán extraerse del depósito las mercaderías respectivas sino con la presentación de él y del *warrant*, en la forma y con las restricciones establecidas en la norma legal. El portador que presente un certificado con su *warrant* tiene el derecho de pedir que el depósito se consigne por bultos separados y que, por cada lote, se le den certificados especiales con los *warrants* respectivos, en sustitución del antes dado, que será anulado. El certificado acompañado del *warrant* en manos del depositante o un tercero, a quien aquél lo hubiese endosado, confiere el derecho de disponer de las mercaderías depositadas. El *warrant* endosado sin el certificado constituye un derecho prendario sobre las mercaderías depositadas. El certificado, aunque sea separado del *warrant*, es el título que acredita la propiedad de las mercaderías, sin perjuicio de los derechos prendarios del tenedor del *warrant*. El primer endoso del *warrant* deberá contener la fecha del acto, el nombre y el domicilio del acreedor prendario, la declaración de la suma prestada, el tiempo que durará el préstamo y el interés que deberá pagarse, anotándose ello en el certificado con la firma del referido acreedor. ◆ Título de crédito cambiario que otorga a su portador legitimado un derecho de prenda sobre los efectos depositados e individualizados en su texto esencial, y que no obstante ser un título nominativo, es transmisible mediante su solo endoso. // Título de crédito mobiliario; es una garantía que mediante la inmovilización de un stock permite a una empresa obtener

fondos. En ese proceso existen dos documentos: el certificado de depósito y su correspondiente copia, el warrant. El certificado de depósito es un título de propiedad de las mercaderías dadas en warrant. Los warrants se pueden emitir sobre los frutos o productos agrícolas, ganaderos, forestales, mineros o de manufacturas nacionales. El título deberá contener: 1) la fecha en que se expidan y el nombre y el domicilio del depositante de las mercaderías; 2) la designación del depósito en que estuviesen; 3) la clase de mercaderías, su peso y cantidad, así como los números y marcas de los bultos y cualquiera otra indicación propia para hacer conocer su valor; 4) la fecha desde la cual se adeuda almacenaje por ellas; 5) si se adeudan o no derechos; 6) la firma del administrador de la Aduana, así como la del alcaide y la del vista, que hubieran examinado las mercaderías. El certificado sólo deberá contener la siguiente anotación: "No se entregarán las mercaderías a la presentación de ese certificado, sin estar acompañado del warrant y ambos con endoso en forma, si se hubiesen transferido". Tanto el certificado como el warrant serán tomados de un libro talonario, que estará depositado en la Aduana respectiva. Antes de expedirse un certificado, deberá verificarse por un vista, en presencia del guarda del almacén respectivo, la clase, cantidad o peso de las mercaderías depositadas y por las cuales se solicitase certificados. Los gastos que produjese esta operación serán hechos por cuenta del interesado.. Desde que la Aduana otorgue un certificado, no podrán extraerse del depósito las mercaderías respectivas sino con la presentación de él y del warrant, en la forma y con las restricciones establecidas en la norma legal. El portador que presente un certificado con su warrant tiene el derecho de pedir que el depósito se consigne por bultos separados y que, por cada lote, se le den certificados especiales con los warrants respectivos, en sustitución del antes dado, que será anulado. El certificado acompañado del warrant en manos del depositante o un tercero, a quien aquél lo hubiese endosado, confiere el derecho de disponer de las mercaderías depositadas. El warrant endosado sin el certificado constituye un derecho prendario sobre las mercaderías depositadas. El certificado, aunque sea separado del warrant, es el título que acredita la propiedad de las mercaderías, sin prejuicio de los derechos prendarios del tenedor del warrant. El primer endoso del warrant deberá contener la fecha del acto, el nombre y el domicilio del acreedor prendario, la declaración de la suma prestada, el tiempo que durará el préstamo y el interés que deberá pagarse, anotándose ello en el certificado con la firma del referido acreedor.

Z

ZOLLVEREIN: del alemán *zoll*, que significa aduana, y *verein*, unión; primera Unión Aduanera, nacida en Alemania en el *siglo* XIX, de 1834 hasta 1870, incluia dieciocho estados alemanes. Fue proyectada por Prusia en 1818 y participaron los distintos estados alemanes, excepto Austria. Esta asociación facilitó el desarrollo industrial y comercial.

ZONA AGROCLIMÁTICA: amplia extensión homógenea concentrada de acuerdo con las características climáticas y agrícolas.

ZONA DE ALMACENAMIENTO: área integrada por depósitos, patios y todo lugar que se utilice para la guarda de mercaderías.

ZONA DE INUNDACIÓN: parte baja del valle de un río que se anega cuando el agua supera o desborda.

ZONA DE LIBRE COMERCIO: consiste en que varios países se ponen de acuerdo para eliminar total o parcialmente los aranceles y las restricciones al comercio, a fin de que los bienes y sumas "originarios" de cualquiera de los países miembros puedan circular libremente en ellos. ◆ Cuando los países quieren poner en común sus economías pero no integrarlas ni convertirlas en una economía única. Son de esta naturaleza el Espacio Económico Europeo (EEE), el Tratado de Libre Comercio de América del Norte entre Estados Unidos, Canadá, México; el Mercosur, Brasil, Argentina, Paraguay, Uruguay y República Bolivariana de Venezuela. ◆ Consiste en que varios países se ponen de acuerdo para eliminar total o parcialmente los aranceles y las restricciones al comercio, a fin de que los bienes "originarios" de cualquiera de los países miembros puedan circular libremente en ellos.

ZONA DE RECONOCIMIENTO: área designada por la Administración Aduanera dentro de la zona primaria destinada al reconocimietno físico de las mercancías (Legislación de Perú).

ZONA DE TRÁNSITO: puerto de ingreso a un país costero que se establece para beneficiar a un país vecino que no tiene salida al mar o bien no tiene las condiciones portuarias adecuadas.

ZONA DE VIGILANCIA ADUANERA: franja de la zona secundaria aduanera sometida a disposiciones especiales de control, que se extiende: 1) en las fronteras terrestres del territorio aduanero, entre el límite de éste y una línea interna paralela trazada a una distancia determinada; 2) en las fronteras acuáticas del territorio aduanero, entre la costa de éste y una línea interna paralela trazada a una distancia determinada; 3) entre las riberas de los ríos internacionales y nacionales de navegación internacional y una línea interna paralela trazada a una determinada distancia; 4) en todo el curso de los ríos nacionales de navegación internacional; 5) en los espacios aéreos correspondientes a los lugares mencionados precedentemente.

ZONA DE VIGILANCIA ESPECIAL: franja de la zona secundaria sometida a disposiciones especiales de control, que se extiende en las fronteras terrestres, acuáticas, espacios aéreos, entre las riberas de los ríos internacionales, en todo el curso de los ríos nacionales de navegación internacional (Legislación Aduanera de la Argentina).

ZONA ENTREMAREAS: sector costero existente entre la marea alta y la baja.

ZONA ESPECIAL DE RECONOCIMIENTO: área habilitada dentro de los almacenes aduaneros destinada al reconocimiento físico de las mercaderías.

ZONA FISCAL: demarcación más o menos próxima a las fronteras, aduanas o fielatos, sometida a prohibiciones de fabricación y a vigilancia especial como garantías contra la defraudación.

ZONA FRANCA: área establecida en algunos países, de propiedad pública o privada, cercada o aislada eficientemente, con el fin de desarrollar en ella, con exenciones tributarias, toda clase de actividades industriales, comerciales o de servicios (comercialización, almacenamiento, desarmado, manipulación, mezcla de mercancías o materias primas de procedencia nacional o extranjera, etc.). La legislación colombiana establece que "las zonas francas constituyen instrumentos de política económica para promover y facilitar la exportación de bienes y servicios, generar empleos, estimular la industria, vincular a ella la inversión extranjera, introducir nuevas tecnologías, contribuir a la sustitución y flujo de importaciones y, en general, fomentar el desarrollo económico y social de la región donde se establezcan".◆ La legislación de Costa Rica las define como: "áreas controladas sin población residente, dedicadas a la manipulación, procesamiento, manufactura y producción de artículos destinados a la exportación o reexportación a terceros mercados".◆ De acuerdo con la legislación del El Salvador, son: "áreas del territorio nacional extraduanal previamente calificadas, en donde pueden establecerse y funcionar empresas nacionales o extranjeras que exportan en forma directa la totalidad de su producción, las de comercialización internacional, las que se dediquen al ensamble o maquila para exportación y las que efectúen actividades conexas o complementarias".◆ Área franca.

ZONA FRONTERIZA: la franja de territorio aduanero que está constituida por una franja de hasta veinte kilómetros, paralela a la linea divisoria internacional.

ZONA LIBRE: espacio físico dentro de un puerto en donde pueden importarse y venderse todo tipo de mercaderías sin tributar derechos aduaneros.

ZONA MARÍTIMA Y TERRESTRE: abarca islas, islotes y en general terreno costero o similar que supere el nivel del océano dentro del mar territorial.

ZONA PRIMARIA: zona habilitada para la ejecución de operaciones aduaneras o afectada al control de las mismas en la que rigen normas especiales para la circulación de personas y el movimiento y disposición de la mercadería. Por ejemplo: locales, puertos, aeropuertos, etc. (Legislación Aduanera de Argentina). ◆ Ver **Zona primaria aduanera.**

ZONA PRIMARIA ADUANERA: parte del territorio aduanero habilitado para la ejecución de operaciones aduaneras o afectado al control de éstas en la cual rigen normas especiales para la circulación de personas y el movimiento y la disposición de las mercaderías. Comprende los lugares donde son llevadas a cabo operaciones aduaneras o se ejerce el control aduanero, como puertos, muelles, atracaderos, aeropuertos y pasos fronterizos, espacios de agua de las radas y puertos adyacentes a los espacios mencionados, espacios aéreos correspondientes a esos lugares. ◆ Ver **Zona primaria.**

ZONA SECUNDARIA ADUANERA: el territorio aduanero, excluida la zona primaria.

www.ingramcontent.com/pod-product-compliance
Lightning Source LLC
Chambersburg PA
CBHW061310220326
41599CB00026B/4812